은총으로
다시 태어난 삶

필리핀 / 감옥에서 / 만난 / 하나님

은총으로 다시 태어난 삶

"멈춰버린 4년 5개월 엥겔레스 구치소에서 드리는 고백!
희망 없는 절망의 공간에서 빛으로 인도함받은 투옥 간증"

그곳에 있었던 솔직한 일들,
하나님께 드렸던 간절한 고백들,
놀라운 깨달음들.

이연호 지음

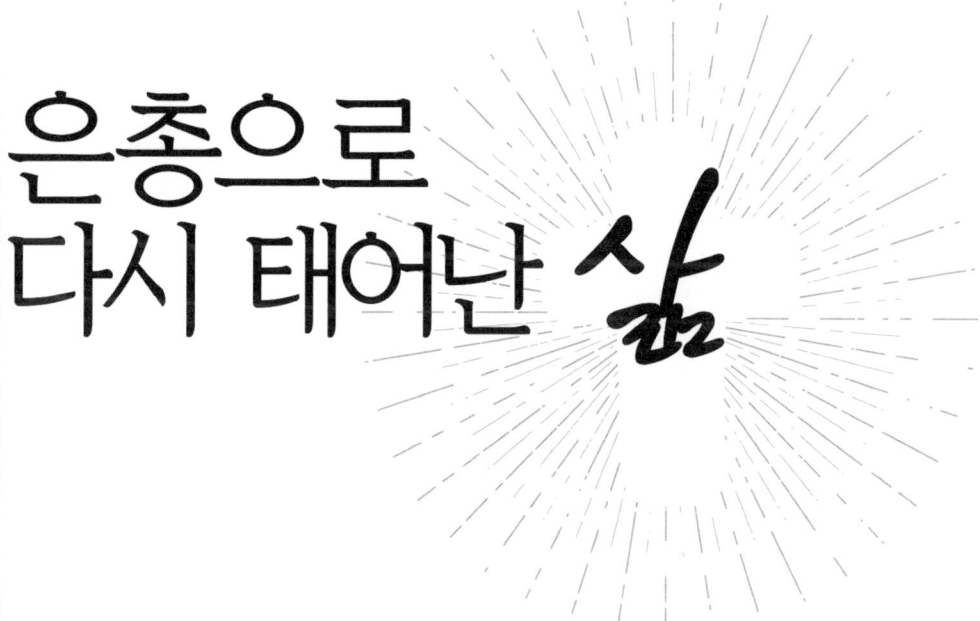

서 문

　　2013년, 나는 필리핀으로 선교 탐방을 갔다가 뜻하지 않은 사건에 휩쓸리게 된다. 이후 엥겔레스 구치소에 4년 5개월 동안 수감되었다. 처음에는 억울한 수감 생활을 받아들이기 어려웠다. 죽음보다 더 무거운 삶의 질곡 속에서, 앞이 보이지 않는 절망의 늪에서 매번 허우적거리며 고통의 시간을 보내야 했다.
　　그러나 그 가운데서 하나님을 다시 만났고, 내 인생을 다시 보는 눈을 갖게 되었다. 지옥보다도 더한 환경 속에서 견딜 수 있었던 것은 하나님의 은혜가 아니고는 설명할 방법이 없다. 2017년 8월, 무죄 석방되어 돌아오기까지 하나님은 나를 새롭게 다듬어 가시고 새로운 인생으로 빚어 가셨다.

　　한편 한국에 돌아온 이후, 억울하게 고초를 겪게 한 필리핀을 쳐다보기도 싫었고 생각하고 싶지도 않았다. 그러나 하나님께서는 필리핀 영혼들을 위해서 기도하라 말씀하셨고, 그 영혼들을 위해서 선교하라는 마음을 주셨다. 결국, 강원도 원주에서 교회를 개척하여 목양 사역을 하면서 동시에 '하나선교회'를 조직하여 필리핀 선교를 지속하고 있다.

또한, 하나님은 구치소에서 써내려간 글들을 책으로 엮게 하셨다. 그곳에서 있었던 솔직한 일들, 그 시간 동안에 하나님께 드렸던 간절한 고백들, 놀라운 깨달음들 등, 그때 기록했던 것들이 이 책에 담겨 있다.

여기에는 위선과 허영과 명예욕으로 얼룩진 지난날의 내 모습을 회개하는 고백들이 담겨 있다. 교만과 자기 의로 열심을 내며 살아온 지난날에 대한 참회도 담겨 있다. 그 가운데서 은혜를 부어주시는 하나님을 향한 감사의 고백도 들어 있다. 아마 감옥에 들어오지 않았더라면 이런 것들을 깨달을 수 없었을 것이다.

이 책을 출간하는 이유도 오로지 선교에 힘쓰기 위해서다. 보잘것없는 개인의 신앙고백이 한 영혼을 살리는 문서 선교가 된다면 얼마나 감사할까. 필리핀 영혼들을 살리는 하나님 일에 쓰임 받을 수 있다면, 얼마나 영광스러울까.

하나님께서 나를 그렇게 훈련시키신 것도 결국은 영혼 구원을 위해서다. 나를 부르신 목적도, 나를 단련하신 이유도 모두 선교에 있다. 이제 남은 삶, 선교를 위해 쓰임 받다가 하나님 품에 안기고 싶다.

끝으로, 그동안 나의 석방과 구명을 위해 한국과 필리핀에서 참으로 많은 분이 눈물의 기도와 물질로 헌신해 주셨다. 이 지면을 통해서 다시 한 번 감사드린다. 필리핀 중부루손 선교사협의회 및 소속된 모든 선교사님께 감사드리고, 필리핀 중부루손 한인교회협의회의 모든 목사님과 사모님들께도 감사드린다. 석방되어 한국에 돌아올 때까지, 석방대책위원으로서 3년이 넘도록 헌신해 주신 박원철 선교사님, 이능호 선교사님, 홍양순 선교사님, 강명숙 선교사님께도 감사드린다. 오상훈 선교사님, 김진주 선교사님, cts 필리핀 지국 윤여일 국장님께도 감사드리고, 한국의 이황우 목사님(글로벌선교교회), 김상윤 목사님, 강흥준 목사님께도 감사드린다. 필리핀 주재 한국 대사관에도 감사드리고 일일이 호명하지는 못하지만 기도해 주신 모든 분께 진심으로 감사드린다. 그리고 이 모든 영광과 감사를 하나님께 올려드린다.

2019. 10. 1.

목사 이연호

차 례

_서 문

_사건의 전말

1. 불법 연행, 그리고 유치장에서의 시간들 · 13

2. 엥겔레스 구치소로의 이송 · 29

3. 2014년, 엥겔레스 구치소에서의 삶 · 41

4. 2015년, 엥겔레스 구치소에서의 삶 · 73

5. 2016년, 엥겔레스 구치소에서의 삶 · 143

6. 2017년, 엥겔레스 구치소에서의 삶, 그리고 석방 · 241

사건의 전말

나는 2013년 3월, 지인 목사님으로부터 필리핀의 모 선교사를 소개받게 되었고, 필리핀 엥겔레스(뽀락프라나스) 지역에서 사역하고 있는 모 선교사의 사역지에 들어가 잠시 머물게 되었다.

그 한국인 선교사가 운영하는 교회는 필리핀 청소년들 약 30여 명(남: 15명, 여: 15명)이 숙식하며 함께 예배도 드리는 곳이었다. 그들은 예배만이 아니라, 성경 읽기, 영어 공부 등 나름의 커리큘럼을 가지고 생활하고 있었다. 일종의 대안학교와도 같은 곳이다.

사실 나는 관계자나 협력사역자로 온 것이 아니기 때문에 그곳에 돌아가는 상황을 알 수가 없었다. 그러다가, 한국에 돌아오기 이틀을 남긴 채, 필리핀 수사당국에 아무 영문도 모른 채 불법체포를 당하게 된 것이다.

나중에 알게 된 이유는 이렇다. 그곳에서 생활하던 청소년 14명이 한국인 선교사의 부당한 대우에 불만을 품고 그를 고발하여 돈을 뜯어낼 생각을 하고 있었다고 한다. 이를 위해 몇 개월에 걸쳐 치밀하게 준비한 후 필리핀 수사 당국에 고발했는데, 하필 필리핀 수사관들이 교회에 들이닥친 날(2013년 4월 15일)에 내가 그 자리에 있었던 것이다. 이미 한국인 선교사는 현장에 없었고 나는 같은 한국 사람이라는 이유로, 같은 현장에 있었다는 이유로, 불법 연행을 당한다. 그리고 연행 당일 날 바로 인신 구속이 되고 심한 인권유린을 당하게 된다.

이후, 어떻게 해서라도 구치소에서 나가보려고 발버둥을 쳤는데 그때 구치소 안에서 두 번이나 사기를 당하게 된다. 설상가상으로 구치소 안에 도는 전염병과 지병 등, 아홉 가지의 병을 앓게 되기도 한다 (네 번씩 쓰러지며 죽음의 문턱까지 다녀올 정도였다).

다행히 하나님께서 나를 불쌍히 여기사 4년 5개월 만에 석방이 되게 하셨다. 완고한 판사와 검사를 이기시고 석방의 감격을 안게 해 주신 것이다.

제1장

불법 연행,
그리고 유치장에서의 시간들

2013년 4월 15일, 한국으로 출발하기 위해 머물던 숙소에서 짐을 정리하고 있었다. 17일 저녁 비행기이기 때문에 이것저것 정리를 하는데 오전 11시경, 누군가가 숙소의 문을 세차게 두드린다. 방문을 열어보니 어떤 낯선 남자 3명이 방문 앞에 서 있다. 대뜸 여권을 달라고 한다. 마침 나는 책상 위에 비행기 표와 함께 여권을 준비해 놓았었다. 내일모레 한국으로 가는 날이기 때문에 준비해 놓았던 것이다. 아무 생각 없이 여권을 그들에게 건넸다.

그들은 내 여권을 보지도 않고 나를 밖으로 나오라고 손짓한다. 별일 아니라 싶어, 입고 있던 반바지와 티셔츠 차림으로 밖으로 나왔다. 그들은 나더러 봉고차에 타라고 손짓을 한다. 또 아무 생각 없이 봉고차에 몸을 실었다. 그리고 그들은 나를 태우고 어디론가

떠났다.

　나는 영어도 할 줄 모르고 필리핀 언어인 따갈로어도 할 줄 모르는 상황에서 누군가에게 도움을 요청할 수 없었다. 그곳은 나와 아무 연고도 없는 곳일뿐더러 아는 한국인 선교사도 없었고, 내가 머물던 장소의 선교사 전화번호도 모르는 상황이었기 때문이다.

　무엇을 어떻게 해야 할지 몰랐다. 무엇 때문에 여권을 빼앗은 채 나를 데려가는지, 내가 가는 곳은 어디인지 도무지 알 수가 없었다.

　내가 영어라도 할 줄 알면 물어보기라도 할 텐데 아무것도 할 수가 없었다. 설상 그들이 나에게 설명을 했다 하더라도 나는 그들이 하는 영어를 알아들을 수 없었다. 차로 약 30~40여 분을 달려 이윽고 도착한 곳이 산포로난도 NBI 연방수사국이었다. 그리고 그날 당일, 바로 유치장에 인신 구속이 되었다.

　그때부터 불길한 예감이 들기 시작했다. 뭔가 이상하게 돌아간다는 생각은 했지만, 내용도 전혀 알 수가 없었다. 언어도 통하지 않는 상황에서 무엇을 어떻게 해야 할지 답답하기만 했다.

　나는 불법체류자가 아니니까…. 잘못한 것이 없으니 조사해 보고 풀어 줄 거란 생각에 조금은 안심이 되었다.

　'그래. 뭔가 오해가 생긴 것 같으니 조금만 기다려보자. 그러면 그 한국인 선교사가 나를 데리러 오겠지.'

　산포로난도 NBI 유치장은 단층 짜리 콘크리트로 된 낙후된 건물이다. 본 건물 옆 마당을 지나 조금 뒤쪽에 있다. 나는 1평 정도 되는 독방에 유치되어 있었고, 방안에는 나무 침대가 놓여 있었다. 화장실은 밖에 있었고, 밖에서 수사관들이 철장 문을 열어 줘야 화장실이나 샤워를 할 수 있었다.

유치장 안에 들어오니 숨이 턱 막힌다. 각종 오물 쓰레기 냄새가 진동하는 데다 쇠창살 사이로 쥐, 고양이, 개들이 들락거리다 보니 배설물로 가득하다. 50도 이상 올라가는 날씨다 보니 팬티만 입고 있어도 땀은 줄줄 흐른다. 마치 한국에 찜질방에 와 있는 느낌이다. 밤에도 감방 안에 불을 켜놔야 해서 바퀴벌레, 빈대, 벼룩, 모기가 가득하다. 한국 사람들의 입장에서는 말로 표현할 수 없는 환경이다. 마치 돼지우리 안이나 개장 안에 들어온 느낌이랄까? 이것이 현재 필리핀의 상황이고, 현실이다. 그야말로 인권이 없는 곳이다. 현지인들이야 이런 문화가 지극히 정상적이고 이상할 것이 없지민, 나는 한국적 정서와 문화를 가진 한국 사람이기 때문에 인권유린이라고 말할 수밖에 없다.

특히나 2013년 4월은 유난히 더웠다. 평균 기온이 45도를 웃돌고, 오후 4시 이후에는 콘크리트 건물이 열을 받아 감방 안은 60도~70도 이상 올라간다. 그뿐이 아니다. 밥도 제공해 주지 않는다. 알아서 먹으라고 한다. 이 역시 현재 필리핀의 문화이자 방식이자 제도다.

시간은 흐르고 어느새 오후 3시가 되었다.

'어떻게 해야 하나? 왜 아무 소식이 없지?'

다시 시간은 흐르고 어느새 오후 7시가 되었다. 주의에 불은 다 꺼지고 내가 수감되어 있는 유치장만 불이 환하다. 밤은 깊어가고 모기들은 하염없이 내 몸을 공격해 오고 있다. 한국에서는 볼 수 없는 새까만 모기들이다. 얼마나 독하고 억센지 모른다. 모기향도 없는 곳에 쪼그리고 앉아 있으면 땀은 줄줄 흐른다. 물론 가만히 앉아만 있을 수 없다. 모기들의 공격을 받기 때문에 몸을 움직이면서 모기들을 쫓아야 한다.

그래도 참을 만했다. 오늘 밤만 지나면 내일(16일)은 누군가가 나를 데리러 올 거란 생각에….

어김없이 16일 아침이 되었다. 이제 내일(17일)이 한국에 돌아가는 날이다.

'오늘은 나를 픽업하러 오겠지.'

'오늘은 나를 풀어주겠지.'

이런저런 생각을 하는 동안 시간은 흘러 오전 10시, 11시, 12시를 지나고 있었다. 할 수 있는 거라곤 쇠창살 넘어 밖을 바라보는 것뿐이다. 누가 나를 부르지 않는지 눈이 빠져라. 밖을 바라보고 있다. 그러면서 오후가 지나가고 저녁 6시가 되고 7시가 된다.

서서히 걱정이 밀려온다. 내일이 한국에 가는 날인데 오늘 못 나가면 어쩌나 싶다. 왜 잡혀 왔는지도 모르고, 영어도 할 줄 모르고, 이곳에 아는 사람도 없고, 도움을 청할 사람도 없고, 면회 올 사람도 없다. 아무 생각도 떠오르지 않는다. 온통 '내일 한국에 가는 날인데!' 하는 생각뿐이다.

저녁 8시가 되고 또다시 밤은 깊어만 가고 있다. 이틀째 아무것도 먹지 못했고 땀으로 목욕을 한 상태라, 감방 안에서 나는 냄새보다 내 몸에서 나는 냄새가 더 심하다.

'어째서 이 사람들은 먹을 것도, 선풍기도 제공해 주지 않는단 말인가. 또 샤워는 어떻게 한단 말인가?'

그래도 참았다. 오늘 밤(16일)만 보내면 내일은 나갈 수 있을 테니까…. 이 사람들도 바보가 아닌 이상, 아무것도 모르는 나를 붙잡아 둘리 없으니 내일은 풀려날 것이란 기대를 하고 이틀 밤을 꼬박 뜬눈으로 보냈다.

새벽 5시쯤 되었을까. 이틀을 아무것도 먹지 못했지만 긴장한 탓에 설사가 나올 조짐을 보인다. 배가 뒤틀리기 시작한다. 밖에는 아무도 없다. 사람을 빨리 불러 철장 문을 열어달라고 해야 화장실에 갈 수 있을 텐데 인기척이 없다.

"여보세요! 여보세요!"

인기척이 없다. 그러기를 20여 분이 지났을까? 나는 그만 감방 안에서 팬티에다 소변과 대변을 보고 말았다. 나는 그때 나의 모습을 바라보면서 개나 돼지 모습과 똑같다는 생각을 했다. 이런 상황을 어떻게 표현해야 할지 모르겠다.

약 2시간이 지난 후 사람들이 내가 수감되어 있는 유치장 앞을 지나가는 듯했다. 나는 소리를 지르며 그들을 불렀다. 그들은 내가 있는 곳을 바라보았고, 나는 팬티에다 대변을 보았다는 시늉을 했다. 그제야 그들은 수사관 사무실로 연락했고, 어떤 사람이 열쇠를 가지고 와서 나를 화장실로 데려다줬다. 치약, 칫솔 등 세면도구는 없었지만, 다행히도 화장실에 비누가 있었다. 나는 최대한 깨끗이 씻고, 팬티도 없이 반바지만 입고 생활을 했다.

시간은 또다시 흘러, 아침이 되었고 오전 10시, 11시, 12시를 넘어갔다. 오늘 못 나가면 한국에 갈 수 없는 이 상황에서 무엇을 해야 하나 서서히 걱정이 밀려온다. 또 배가 뒤틀려온다. 긴장한 탓일까 3일째 먹지는 못해도 설사가 계속해서 나온다.

"여보세요! 여보세요!"

내 소리를 듣고 곧바로 사람이 온다. 배가 아파 화장실에 가겠다는 시늉을 하자 그 사람은 또다시 사무실로 가서 열쇠를 가져왔고, 화장실에 가서 볼일을 볼 수 있었다. 샤워도 할 수 있었다.

시간은 어김없이 흐르고 저녁이 되고 밤이 되었다. 오늘 밤에 한국에 가야만 하는데, 불안과 초조함이 밀려온다.

이제 한국에 못 가게 된 것은 자명한 사실! 어떻게 해야 할지 도무지 알 수가 없다. 다시 밤을 꼬박 새우고 18일 아침을 맞았다.

이젠 답답함뿐이다.

'끊어놓은 비행기 표는 어떻게 해야 하며, 나는 이 상황에서 어떻게 대처해야 하는가?'

몸은 탈진되어 가고 답답하기만 하다. 왜 그 한국인 선교사는 나를 데리러 오지 않는 것일까? 자기 집에 와 있던 손님이 불법 연행되어 3일이나 지났는데 왜 아무 소식이 없는 것인가? 참으로 답답하다.

18일 오전 10시쯤 되었을까? 혼란스러운 마음으로 밖을 응시하고 있었다. 어떤 사람이 나에게 다가온다. 나를 풀어 주러 오는 것 같다는 생각이 들었다. 반가운 마음으로 그를 맞이했다.

그는 창살을 붙잡고 서 있는 나를 바라보면서 약 5분 정도 영어로 이야기를 한다. 물론 나는 알아들을 수도 없다. 무정하게도 그 사람은 문은 안 열어 주고 그냥 돌아가고 말았다. 나중에 알았는데, 그 사람은 내가 왜 잡혀 왔는가에 관해서 설명을 해 준 것이었다. 그러나 나는 무슨 말을 하는지 알 수가 없었다. 그 사람이 일부러 찾아와서 말을 해 준 이유는 며칠 동안 내가 왜 여기 와 있는지조차 모르는 것 같았기 때문이었다. 물론 내 추측이다.

2013년 4월 18일 이후, 나는 서서히 탈진되어 갔다. 하루 종일 땀으로 목욕을 하고, 선풍기도 없이 60도 이상 올라가는 감방 안에서 이제는 일어나지도 못하고 기대감도 다 사라진 채 탈진 현상만

겪을 뿐이다. 이젠 아무런 생각조차도 없이 계속 누워만 있었다.

2013년 4월 20일, 내가 강제 연행된 지 6일째 되는 날이었다. 오전 9시경 나를 부르는 소리가 들린다.

"아저씨! 아저씨!"

탈진되어 누워 있는 터라 그 소리에 일어날 수가 없다. 밤에 잠을 못 자기 때문에 아침에 잠깐잠깐 잠을 자며 누워 있었다. 비몽사몽 간 들으니 나를 부르는 소리가 또다시 들려온다. 나는 일어나지는 못하고 고개를 돌려 밖을 쳐다보았다. 쇠창살 넘어 어떤 한국 사람이 서 있는 모습이 보였다. 정신을 차리고 몸을 일으켜 쇠창살 문으로 다가갔다.

약 40대로 보이는 한국 사람이 서 있다. 나는 힘이 없는 목소리로 한국분이냐고 물었고, 그 사람은 그렇다고 대답을 했다. 나는 그 한국 사람에게 이렇게 첫마디를 했다.

"제가 지금 일주일째 먹지도 못하고 있는데 미안하지만, 빵과 음료수 좀 사다 줄 수 있습니까?"

물론 내 돈과 모든 소지품은 내가 연행되었던 장소에 있기 때문에 수중에는 돈이 없다고 미리 말을 했다. 그 사람은 알았다고 하며 어디론가 나갔고, 이내 빵과 음료수를 잔뜩 사 가지고 왔다. 그리고 이어서 말을 한다.

"아저씨, 여기 왜 잡혀 온 줄 아세요?"

"모르겠는데요. 저는 아무 영문도 모르고 잡혀 왔습니다. 저는 한국의 목사입니다. 저는 잘못한 것이 없습니다. 저는 이곳 필리핀에 아무 연고도 없고, 영어도 할 줄 모르고, 이제 어떻게 대처해야 할지 모르겠습니다. 뭔가 오해가 있는 것 같습니다. 제가 머물고 있던 장소에서 무슨 일이 일어난 것 같은데, 도대체 상황을 알 수가 없습니다."

"네. 그러세요. 저는 필리핀에서 개인 사업을 하고 있는데, 다른 사건 때문에 이곳 NBI에 왔다가 여기 수사관의 부탁을 받고 아저씨를 찾아왔습니다. 그 수사관이 하는 이야기가 여기에 한국 사람이 한 명 잡혀 왔는데 언어가 통하지 않고 왜 잡혀 왔는지 모르는 것 같아서 통역을 해 주라는 부탁을 받고 왔습니다. 일단 그 수사관이 하는 이야기는 이렇습니다. 아저씨는 4가지 죄목으로 검찰에 기소되었다고 합니다. 첫째는 인신매매, 둘째는 미성년자 학대, 셋째는 노동력 착취, 넷째는 임금 미지불 등. 이렇게 4가지 죄목에 걸렸고, 이 죄목대로라면 최소 무기징역이랍니다. 그리고 마닐라 북쪽 외국인 수용소로 보내질 것 같다는 말을 했습니다."

그 한국 사람은 계속해서 말을 이어갔다.

"이곳 필리핀은 참으로 무서운 곳입니다. 외국인들을 한번 잡으면 절대 풀어 주지 않습니다. 죄가 있든 없든 상관없습니다. 나도 필리핀에 온 지 8년 되었는데 필리핀 경찰들에게 여러 번 당했습니다."

"아니, 그런 법이 어디 있습니까! 조사해 보고 죄가 없으면 풀어 줘야 하지요."

그 한국 사람은 내가 하는 말에 어이가 없다는 듯 이렇게 말했다.

"여기는 필리핀입니다. 필리핀이기 때문에 가능한 것입니다. 빨리 변호사를 선임해서 대처하세요. 저는 그만 가 보겠습니다."

"네. 안녕히 가십시오."

그 한국 사람이 다녀간 후 나는 더욱 혼란에 빠지기 시작했다. 잠도 못 자고 먹지도 못하고 탈진되는 과정에, 무슨 청천벽력이란 말인가! 인신매매는 뭐고, 노동력 착취는 뭐고, 임금 미지불은 뭐고, 미성년자 학대는 뭐란 말인가? 무기징역은 뭐고, 외국인 수용소는 또 뭐란 말인가? 뭐가 잘못돼도 한참 잘못되어가는 것 같은데, 이 상황을 어떻게 해야 한단 말인가?

말도 못하는 외국인을 불법 연행해 어떻게 당일 날 인신 구속을 시킬 수 있는지, 어떤 조사나 진술도 없이 구속이 가능하고 무기징역이 가능할 수 있는지 도무지 한국적 상식으로는 납득이 가지 않았다. 정말로 이런 일들은 필리핀이기 때문에 가능하다는 그 한국 사람 말이 맞는 것인지….

그렇게 20일 밤을 꼬박 새고 21일 아침 6시경에 깜박 잠이 들었다. 오전 10시경 나를 깨우는 소리에 잠에서 깼다. 눈을 들어 문쪽을 바라보니 수사관 한 명과 내가 머물던 교회에서 공부하던 현지인 남자 청년 한 명이 서 있었다. 면회를 온 것이다.

그 현지인 청년이 가지고 온 얼마의 돈으로 모기향과 생활용품을 구매했고, 선풍기도 샀다. 감방 청소도 깨끗이 하고 하루에 두 번씩 샤워할 수 있도록 허락도 받았고, 방안에 큰 통을 마련하여 소변을 모을 수 있도록 했다. 대변을 볼 때는 빨리 사람을 부를 수 있는 여유도 생겼다. 또한, 일주일 만에 선풍기도 구매했고, 성경도 볼 수 있게 되었다.

다음번 면회를 통해서는 숙소에 있던 나의 모든 가방과 소지품들을 넘겨받을 수 있었고, 주변 환경도 정리하고 음식도 사서 먹을 수 있는 등, 힘을 얻어 갈 수 있었다. 그렇게 혼란스러운 마음들을 하나하나 추스르며 나에게 임한 이런 현실들을 받아들일 수 있었고, 하나님께 기도하며 안정을 찾기 시작했다. 물론 앞날에 대한 두려움과 염려는 계속해서 일어났지만, 영적 싸움은 계속 이어져야 했기에 평안을 유지하고자 기도와 성경 읽기에 온 힘을 쏟았다.

그러나 한 가지 문제가 남아 있다. 먹는 문제다. 필리핀 경찰서와 구치소에서는 먹을 것을 제공해 주지 않는다. 알아서 해결해야 한다. 외국인이라고 예외는 아니다. 이것이 필리핀 방식이며, 제도적 운영 방식이다. 그래서 필리핀에서는 가족들이 매일같이 음식을 싸 가지고 오거나 밥을 해 먹을 수 있도록 음식 재료들을 가져오곤 한다.

내가 있던 산포로난도 NBI 유치장 건물도 밥을 해 먹을 수 있는 조그마한 공간이 마련되어 있었다. 그런데 나는 면회 오는 사람도 없고, 음식을 갖다 주는 사람도 없다. 주위에 한국 식당도 없고, 설사 있다 하더라도 매일 음식을 시켜서 먹을 수도 없는 노릇이다. 이 먹는 문제를 어떻게 해야 하나 고민하지 않을 수가 없었다. 빵과 햄버거를 사 먹으면서 지내오고 있지만, 언제 석방되어 나갈지 알 수 없는 이 상황에서 계속해서 빵과 햄버거로만 살 수는 없었다.

그런데 점심때가 되면 3~4명의 사람이 내가 있는 유치장 앞에 와서 점심을 해서 먹곤 했다. 이 사람들은 수사관 직원이 아니고, 잡일을 하며 생활하는 사람들이다. 나는 이 사람들을 이미 알고 있다. 빵과 음료수, 커피, 햄버거 등을 사 오는 심부름을 시키곤 했기 때문이다. 참고로 이들은 심부름 값, 일명 팁을 주지 않으면 심부름을 하지 않는다. 특히 외국인들에게는 노골적으로 돈을 달라고 한다. 그때는 의아하기만 했는데, 나중에 현실을 알고 나서야 파악이 되었다. 나중에 구치소로 이송된 후로도 사람들에게 돈을 뜯겼는데, 그제야 이런 것이 필리핀의 문화 형태임을 알 수 있었던 것이다. 특히 말도 못하는 한국 사람의 경우 면회객이 없기 때문에 심부름을 하면 공돈이 생긴다. 그러기에 눈에 불을 켜고 덤벼든다. 심지어 심부름 값을 안 주면 줄 때까지 달라고 기다린다.

더 가관인 것은, 이들끼리 경쟁이 붙어서 다른 사람이 없을 때 몰래 다가와 심부름시킬 일이 없냐고 묻는다는 것이다. 심부름시킬 일 있으면 자기에게 시키라고 부탁까지 한다. 괜히 내가 갇혀 있는 유치장 앞에 와서 얼쩡거리거나 괜히 친한 척을 하며 먹는 물을 떠다 주는 것도 비일비재하다.

참고로 감방 안엔 수도 시설이 없다. 밖에서 1.5L 페트병 서너 개를 준비해서 소변도 받고 먹는 물도 담아 놓았다가 먹어야 하는데, 그런 심부름을 이 사람들이 해 주는 것이다.

날씨가 더워서 1.5L 페트병에 물을 새로 떠 놓으면 1시간 정도 지나 물이 미지근해진다. 찬 음료수를 사다 놓아도 1시간 정도만 있으면 음료수가 미지근하다. 50도~60도에 육박하는 감방 안에서 선풍기도 없이 먹지도 못하고 샤워도 못 하고 대소변을 배출하며 지내 온 것, 거기에 모기와 각종 벌레의 공격을 받으며 10여 일을 지내온 것을 생각하면 정말 소름이 쫙쫙 끼친다.

한편, 나는 이 사람들이 점심을 해서 먹고 있는 것을 발견하고는 그들을 불렀다. 돈이 생기기 때문에 앞다투어 달려온 그들에게 나는 하루에 50페소를 줄 테니(한화 약 1,500원 정도) 점심때 밥을 해서 나에게 줄 수 있느냐는 제안을 했다. 물론 영어도, 필리핀어도 못 하기에 손짓 발짓으로 20여 분을 설명하며 내 의사를 전달했다.

이윽고 20여 분이 지난 후 그들은 오케이를 연신 외치며 알았다고 한다. 나도 오케이를 연신 외치며 그들에게 고맙다는 시늉을 했다.

그렇게 아침은 건너뛰고 점심때 밥을 얻어서 반은 먹고 나머지 반은 남겨놨다가 저녁을 해결했다. 그렇게 나는 산포로 난도 NBI 유치장에 있는 3개월 동안 먹는 문제를 해결할 수 있었다.

여기까지가 불법 연행된 2013년 4월 15일 이후부터 엥겔레스 구치소로 이송 수감될 2013년 7월 9일까지, 약 3개월 동안 있었던 이야기다(참고로 「엥겔레스 구치소 실태 보고」란 글에는 구치소 내부 실태가 기록되어 있다).

제2장

엥겔레스 구치소로의 이송

📎 2013년 7월 9일

　　　　　오전 10시경, 어떤 사람이 와서 나보고 옷을 갈아입으라고 한다. 소지품 등 가방까지 챙기라 한다. 그러면서 뭐라고 하는데, 필리핀 언어와 영어를 섞어 가며 말하는 거라 통 알아들을 수가 없다.

'드디어 석방이구나!'

이렇게 속으로 생각하며 가벼운 마음으로 짐을 챙겼다. 10여 분 정도 짐을 정리하는 걸 옆에서 지켜보던 그 사람은 나를 데리고 수사관 사무실로 데리고 갔다. 수사관 사무실에 도착하여 10여 분 기다리면서 또 다른 사람이 나에게 설명을 해 준다. 그때까지 나는 석방되는 것으로 착각하고 기분 좋게 영어로 하는 말을 들었다.

그러면서 그는 옆 책상에 있는 볼펜과 종이를 가지고 와서 영어로 무엇인가를 쓴 다음 나에게 보여줬다. 영어로 쓴 단어를 보니 내가 지금 구치소로 넘어간다는 단어였다. 그 영어 단어를 읽는 순간, 무너지는 것만 같았다. 믿어지지가 않았다. 석방이 아니라 구치소로 이송 수감되는 것이라니. 허탈하고, 허탈하고, 허탈했다. 앞이 캄캄하고 하늘이 노랗게 보였다.

'결국, 그때 그 한국 사람이 말한 대로 무기징역이란 말인가.'

약 1시간 정도 이송 절차가 끝나자, 수사관 3명이 나를 대동하고 엥겔레스 구치소로 향했다. 엥겔레스 구치소! 구치소 문을 들어오는데, 비좁고 답답하고 낙후된 곳임을 한 번에 알 수 있었다. 12시쯤 엥겔레스 구치소에 들어와 또 약 1시간 30분 정도 입소절차를 밟고 있을 때만 해도 그렇게 많은 수감자가 있는 줄 몰랐다.

구치소 입소 절차를 밟는 과정은 그리 간단하지 않았다. 손바닥, 손가락 지문 등을 찍고, 옆면, 앞면 사진을 찍고, 팻말을 들고 사진을 찍는 등 여러 번의 사진을 찍는다. 특히 손가락 지문을 찍을 때는 얼마나 긴장을 했던지 손가락이 굳어서 펴지지가 않았다. 나는 연신 "코리안 콜! 코리안 콜!"을 외칠 수밖에 없었다. 여기 한국 사람이 있으면 좀 불러 달라는 뜻이었다.

지문을 찍는 교도관이 영어도 할 줄 모르고, 손가락도 굳어있고 좀 답답했던지 밖으로 나갔다. 이런 사람 처음 본다는 식으로 짜증을 내면서. 잠시 후 그 교도관은 체격이 건장한 40대 남자를 대동하고 들어온다. 척 보니 한국 사람이다. 나는 내심 반가웠다.

'아, 여기에도 한국분이 계시는구나.'

나중에 알았지만, 당시 그곳에 한국 사람이 14명이나 있었다. 그것을 알고 가슴 아파 울었다. 어떻게 이런 곳에 한국 사람들이 14명씩이나 있을까? 이 사람들은 무엇 때문에 이 교도소에 들어와 있을까?

참고로 내가 구치소에서 지내왔던 4년 5개월 동안 한국 사람을 약 40명 이상 만났다. 이 숫자는 필리핀 주재 한국 대사관에도 기록되어 있다(나의 또 다른 이야기 「구치소 실태 보고」에 구치소에서 만난 40여 명의 한국 사람 중 몇 명의 사연이 나온다).

나는 그 건장한 한국 사람에게 물었다.

"안녕하세요. 한국 사람입니까?"

"네. 그렇습니다."

"아, 네. 저는 한국의 목사입니다. 그리고 저는 영어를 할 줄 모르고, 필리핀 언어도 할 줄 모릅니다. 저를 좀 도와서 통역을 해 주시면 고맙겠습니다."

"예. 알겠습니다."

그리고 그는 약 40여 분 정도 절차를 다 마무리할 때까지 내 옆에서 통역을 해 주었다. 이윽고 내가 가야 할 감방이 배정되었다. 2층 11번 방이다. 엥겔레스 구치소는 비좁고 낙후된 콘크리트 건물이다. 구치소 전체 총 수용 인원이 600명인데, 정원에 5배가 넘는

3,000명 이상이 수용되어 있다. 다른 지역 구치소에 비하면 이것은 양반이라고 한다.

이것이 오늘날 필리핀의 실정이다. 감방은 총 24개이며, 3평~6평 정도다(내가 소속된 11번 방은 6평 정도다).

그런 6평의 감방 정원이 약 30명인데, 100명~120명 정도가 수용되어 있다. 잘 이해가 될지 모르겠지만, 사람으로 꽉 찬 만원 버스를 생각하면 금방 이해가 될 것이다. 감방 안에 나무로 칸막이를 2층, 3층 다락을 만들어 놓고 최대한 공간을 활용하여 생활한다. 나는 한국에서 칼잠이라는 것을 자 본 적은 있는데, 여기서는 그 정도를 넘어서 사람들이 포개서 잔다. 나는 그 한국인과 함께 배정된 2층 11번 방으로 갔고, 가는 중에 그는 나에게 질문을 했다.

"목사님은 돈 있습니까? 필리핀은 돈을 내고 수감 생활을 해야 합니다. 먹는 것, 자는 것, 입는 것, 보는 것, 모든 것이 돈입니다."

"예. 알겠습니다. 한국에 전화해서 도움을 요청하면 될 겁니다."

"한국에 전화하려면 교도관들에게 돈을 줘야 하고, 교도관들이 판매하는 전화카드를 사야 합니다. 지금 11번 방장하고 잘 이야기를 해서 돈이 많이 안 들어가도록 사정을 한번 해 보겠습니다."

"네. 고맙습니다."

이 한국인 친구는 나보다 8개월 정도 먼저 구치소에 들어와 있었기 때문에 구치소 돌아가는 상황을 잘 알고 있었다. 이윽고 11번 방에 들어왔다. 숨이 턱 막힌다. 숨을 쉴 수 없을 정도로 덥고 답답하다. 나는 꽉 찬 사람들 틈에 끼어 쭈그리고 앉아 있었고, 한국인 친구는 11번 방장하고 10여 분 정도 이야기를 하고 결정을 보았는지 나에게 와서 통역을 해 준다. 나는 맨 안쪽 끝, 더운 곳에서도 제일 덥고 습한 곳, 나무 칸막이로 된 2층에 배정되었고, 보증금은 5천 페소(한화 약 15만 원~20만 원 정도), 일주일 비용은 1,000페소(한화 약 만오천 원 정도)로 결정되었다. 결국, 나는 4년 5개월을 이 돈을 내고 생활을 했고, 한 달에 많게는 20번, 적게는 10번 정도 기부금 명목으로 방장들에게 돈을 뜯겼다. 물론 외국 사람들만 돈을 뜯겼다.

여기에 빌려달라는 명목으로 하루에 20여 명이 매일같이 4년이 넘도록 나를 찾아와 돈을 달라고 요구했다. 그뿐만이 아니다. 먹을 것을 사 달라, 빵을 사 달라, 커피를 사 달라, 음료수를 사 달라, 옷을 사 달라 등 헤아릴 수 없는 이들의 요구에 응해줘야 했고, 방장 요구에 늘어주지 않으면 불이익을 낭해야 했다. 한국 속담에 "울며 겨자 먹는다."라는 말이 있는데, 나는 그야말로 4년이 넘도록 울며 겨자를 먹었다. 또한, 교도관은 교도관대로 부정부패의 극치를 이루고 있었다.

그렇게 나는 구치소 수감 생활을 통해서 압축된 필리핀의 정체성과 국민성을 체험하게 되었다.

2013년 9월 12일

오늘은 참 기분이 우울하다. 62세 누님이 돌아가셨다는 이야기를 들었다. 감옥 안에 있으니 한국에 갈 수도 없고, 한 분밖에 없는 누님인데…. 한국에서 목회하느라 바쁘다는 핑계로 자주 얼굴을 보지 못했는데…. 고작해야 일 년에 한두 번 보는 게 전부였는데….

팔순의 어머님은 쓰러지셔서 인천 길병원에 입원해 계시다는 이야기도 들었다. 참으로 애통하고 착잡하다.

어찌하든 이 감옥에서 나갈 방법을 찾아야 하는데 그저 답답하기만 하다. 언어도 통하지 않는 감방 안에서 불이익도 감수해야 하고, 이 범죄인들 속에서 살아남아야 하는데…. 6평 남짓 좁은 방안에 120여 명이 뿜어내는 열기와 40도를 웃도는 더위…. 시끄러워도 너무 시끄러운 이들의 문화…, 머리가 아플 정도로 시끄럽고 아우성치는 이들의 생존경쟁…. 지옥이나 다름없다.

어떻게 하든 견디어야 하는데…. 견딜 수 있는 은혜 달라고 오늘도 기도한다. 하나님께서 나를 이곳 감옥에 보내셨으니 순종함으로 견뎌야 하는데, 이곳 감옥의 모든 환경이 내 편이 아닌 것만 같다.

'하나님의 뜻은 어디에 있을까…?'

'하나님의 뜻을 알 수가 없구나….'

📎 2013년 12월 10일

구치소로 이송된 다음 날, 한국 사람이 구치소에 새로 들어왔다고 소문이 퍼지자 여기저기서 한국 사람들이 나를 찾아왔다. 그래서 서로 한국말도 하고 이런저런 이야기를 하며 지내게 되었다.

나는 이런 곳에 한국 사람들이 없는 줄 알았다. 필리핀 교도소에 한국 사람들이 들어올 이유도 없을 거로 생각한 것이다. 그런데 의외로 많았다.

구치소 안에서 한국 사람들을 만나서 반갑기도 했지만, 한편으론 현지인들도 견디기 힘든 이 열악한 환경 속에서 한국인들이 견디고 있다는 사실 때문에 마음이 무척 아프기도 했다.

필리핀 구치소의 환경은 너무나 열악하다. 각 방이 만원 버스보다 더 심한 사람들로 꽉 들어차 있다. 정원의 5배 이상을 초과하여 숨쉬기조차 힘들 정도의 환경에다 각종 질병, 전염병, 피부병 등 병들이 난무하고, 몸이 썩어들어 가는 병, 우리나라 60~70년대에 유행했던 병들이 유행하고 있었다. 이런 환경 속에서 인권이란 없었다. 사람이 죽어서 나가면 그뿐이었다.

한편 나는 구치소로 이송되어 온 후로 어떻게 해서든 나가기 위해 여러 방법을 찾고 있었다. 나를 구해 줘야 할 사람은 책임을 회피하며 도망만 다니고, 나는 무기징역이라는 검찰의 구형을 받고 수감 생활을 하고 있으니 나갈 방법을 스스로 찾는 것 외에는 길이 없었다.

나는 한국에 도움을 요청해서 변호사를 선임하고자 했고, 어떻게 해서든 돈을 모아 내 무죄를 입증하여 보석이라도 나가길 기대했다. 또한, 불구속 재판을 받기 위하여 현지인 변호사를 만나보면서 방법을 찾아보았다.

그렇게 한국에 도움을 요청하고 돈을 모으기 시작한 후 약 5개월이 지날 무렵 한화 약 600만 원을 구할 수가 있었다. 그러나 구치소 내에서 함께 생활하던 이종대라는 한국 사람에게 그만 모은 돈 600만 원을 고스란히 사기당하고 말았다. 그뿐이 아니다. 이종대는 석방된 후 나를 도와준 한국에 내 지인들에게 전화를 걸어 또 사기를 쳤다.

물속에 빠져 허우적거리는 자의 보따리를 빼앗고 물속에 다시 처박아버리는 상황이 아닐 수 없었다.

2013년 12월 30일

2013년 한 해가 저물어 가고 있다. 시간이 지날수록 상황은 점점 안 좋아진다. 너무나 어처구니가 없고 어이가 없다. 조사를 해보고 잘못이 없으면 풀어 줄 줄 알았는데…. 정말 필리핀이 이런 나라인 줄 몰랐다. 올해 석방되지 못한 채 감옥에서 새해를 맞이해야 한다니…. 정말로 기가 막힌 일이다. 참으로 인생의 앞날은 알 수가 없다. 새가 그물에 걸림같이 내 인생이 덫에 걸리고 올무에 걸려버린 것만 같았다. 앞으로 어떻게 해야 할지 그저 막막할 뿐이다.

구치소에서는 옆 사람이 죽어 나가도 신경 쓸 겨를이 없다. 하나같이 살아남아야 하는 생존경쟁이다. 심지어 이 사람들의 가족들이 4명~5명씩 몰려오기도 했다. 그들은 구치소에서 음식을 해 먹고, 노래 부르고 춤추고 재미있게 논다. 12월 한 달 내내 파티하며 놀기까지 한다. 덥고 비좁은 감방 안에 여자들이 와서 잠을 자고 놀다가는 경우도 비일비재하다.

제3장

2014년,
엥겔레스 구치소에서의 삶

📎 2014년 2월 5일

나는 구치소에 들어와 생활하면서 이들의 문회와 정체성을 조금씩 알아가게 되었다.

특히 필리핀은 마약이 일반화되어 있다는 것을 알게 되었다. 이런 문화는 일부 극소수 특정인들이 아닌 각계각층에 일반화되어 있었다. 실제로 이곳 구치소에는 현직 경찰관들이 많이 들어와 수감되어 있다. 이들 역시 마약과 관련해서 들어온 사람들이 대부분이다. 내가 확인한 현직 경찰관만 100명이 넘는다. 내가 확인하지 못한 것까지 포함하면 꽤 많을 것이다. 그들의 증언을 들어보면 필리핀 전체 국민 중 50% 이상이 마약과 관련이 있다고 한다.

참고로 필리핀에는 중간 계층이 없다. 10% 정도의 기득권 계층, 10% 정도의 잘 사는 계층이 있고, 나머지 80% 정도는 못사는 극빈층 계층이다. 이들에게 있어서 마약은 범죄 행위가 아니라 그냥 먹고살기 위한 직업이고, 인생을 즐기기 위한 한 방편일 뿐이다. 그래서 이들은 배가 고파도 밥 사 먹을 돈이 생기면 마약을 사서 흡입한다. 그러면 2~3일은 행복하게 살 수 있다고 한다.

특히 엥겔레스 구치소에는 전체 수감자 중 일가친척이 모여 있는 경우도 많다. 한동네 사람 70여 명에 해당하는 여러 가족이 구치소에 있는 것을 본 적도 있다. 이런 경우가 구치소 전체 수감자 중 50%가 넘는다.

이마저도 내가 있던 방에서만 확인한 것이다. 구치소에는 감방이 모두 24개인데, 나머지 방들까지 다 더하면 얼마나 되겠는가? 참고로 나중에 파악한 바에 의하면, 부부 100여 쌍, 남매지간 50여 쌍, 삼 형제 10팀, 형제지간 10팀, 아들 3명에 아버지가 있는 경우가 5팀, 아들 2명에 아버지가 있는 경우가 10팀, 아들 1명에 아버지가 있는 경우가 20팀, 아버지에 각각 다른 삼 형제가 있는 경우가 8팀, 아버지가 각각 다른 형제인 경우가 12팀, 부부가 함께 수감 생활하는 동서지간이 8팀, 엄마와 아들 6팀, 엄마가 각각 다른 형제지간과 있는 경우가 10팀, 엄마가 각각 다른 형제지간 삼 형제와 있는 경우가 7팀 등, 수많은 사람이 친인척 및 가족관계로 묶여 있었다.

놀랍게도 먹고살기 위해 마약을 하고 마약을 판매하고 범죄를 하는 일들은 필리핀에서는 범죄로 생각하지 않는다. 그냥 먹고살기 위한 가업인 것이다.

2014년 3월 12일

오늘은 재판 갔다 오면서 신기한 체험을 했다. 옛날 한국에 있을 때 어른들이 하늘이 무너지고 땅이 꺼진다는 말씀을 한 적이 있었다. 그런데 그런 경험을 필리핀 감옥에 들어 와서 두 번이나 경험했다. 좀 더 정확히 말하면 건물들이 와르르 무너지는 느낌을 받으며 몸과 정신이 분리되는 체험을 했다.

구체적으로, 수갑을 차고 호송차에 실려 구치소로 돌아오는 차 안에서 몸은 호송차 안에 있는데, 내 영혼은 다른 곳에 와 있는 것을 체험했다. 천국도 아니고, 지옥도 아닌 그저 몽롱한 상태였다. 얼마나 시간이 흘렀는지는 알 수 없지만, 깜짝 놀라 정신을 차리고 보니 내가 호송차 안에 수갑을 차고 있었다. 그 모습을 보고 또 한 번 놀랐다.

나는 이런 경험들을 하면서, 내 나름대로 생각을 해 보았다. 너무 깊은 충격과 깊은 절망에 빠져버리면 정신적 불안 증상과 정신적으로 이상이 오면서 이런 현상들을 경험할 수 있다고….

그때 내가 할 수 있는 것은 어떻게 하든 주님만 의지하고 평안을 위해 기도하는 것이었다. 암담한 현실 속에 보이는 건 절망뿐이고, 구치소 내에 이들의 문화 습관은 나를 정신적 충격으로 몰아넣기에 충분하니 기도밖에는 답이 없었던 것이다. 무엇보다도 나에게 영적 회복이 필요하다고 생각했다. 그러기 위해서는 죽을힘을 다해 주님의 은혜를 구해야 했고, 오직 주님께 매달려야 했다.

2014년 3월 15일

오늘은 몸이 무척 많이 아프다. 머리 통증, 치아 통증, 무릎 통증, 왼쪽 눈꺼풀 떨림은 점점 심해지고, 눈의 시력은 점점 떨어지고 어지럼증도 점점 심해진다. 심한 피부병과 퉁퉁 부어오르는 종기로 정말 어떻게 해야 할지 너무 고통스럽다.

여전히 사건 당사자한테서는 아무런 소식도 없고, 언제나 좋은 소식이 올는지 이제는 기대조차 하기 무섭다. 기도는 하지만 무너지는 마음은 어쩔 수 없다. 하루하루 견딜 수 있는 은혜를 달라고 힘겹게 매달리고 있지만, 시간이 지날수록 몸과 마음은 지치고 탈진되어 갈 뿐이다.

 숨 막히는 감방 안에 50도 이상 올라가는 열기, 머리가 빙빙 돌 정도로 시끄러운 환경 속에서 나는 산 채로 지옥을 경험하고 있다. 오늘이 11개월째…. 그러고 보니 죽을 것 같은 상황 속에서도 1년을 견디어 온 셈이다.

2014년 3월 25일

 오늘 재판은 그냥 출석체크다. 석방될 것을 믿고 간절히 기도하며 기대하고 기다렸지만, 기대했던 일은 일어나지 않았다. 기대가 크면 실망도 큰 것 같다. 다시 실망과 절망에 빠지니까….
 '언제까지 기약도 없이 이 감옥에 있어야 하는가?'
 '내가 정말 무기징역이란 말인가?'
 '나는 이 사건하고 아무 상관도 없는데, 나는 이 사건의 내용도 모르고 연관도 없는데, 통역이나 변호사도 없이 나를 구속시켜 놓고는 무슨 재판을 한다고 나를 끌고 다니는지…. 그럼 지금까지 나를 잡아 둔 것은 돈을 달라는 뜻인가?'
 지금 나에게 현재 상황을 알려줄 사람은 한 명도 없다. 밖에서 나를 도와줄 사람도 한 명도 없다.

◆ 2014년 4월 10일

　　　오늘도 사죄하는 마음으로 하루를 보냈다. 요즈음엔 하루하루 사죄하는 마음으로 하나님께 회개하며 하루를 보낸다. 내가 이 감옥에서 살아남을 수 있는 건 오직 하나님 은혜밖에 없다. 내 힘과 내 능력으로는 도저히 살아남을 수 없다. 주님께 회개해서 은혜를 덧입어야 하기 때문이다.

　　　정말 은혜가 아니면 견딜 수 없다. 6~7평 남짓 감방 안, 100명이 넘는 사람들의 틈바구니에서 생존경쟁에 시달려야 하고, 비위생적 환경 속에서 전염병과 질병에 시달려야 하고, 결핵과 성병 및 퉁퉁 부어오르는 종기, 가려움증, 변비, 관절 통증에 시달려야 하고…. 어제 아침에는 어지럼증이 심해서 감방 안에서 두 번이나 쓰러졌다. 물론 여기서는 변변한 응급처치도 없다. 그냥 알약 두 알 주고 의자에 앉혀 놓고 지켜만 보고 있을 뿐이다. 그러다 죽으면 그뿐이다. 인권도 없다.
　사람 등에 업혀서 교도관 사무실로 향할 때, 그냥 이대로 인생의 끈을 놓았으면 하는 생각도 들었다. 나는 이곳에서 사람들이 죽어서 들것에 실려 나가는 것을 여러 번 보았다. 이곳 사람들은 더운 곳에서 태어나 이런 환경에서 성장했기에 구치소 환경에서도 즐겁고 행복하게 지낸다. 이들의 문화이기 때문이다.

그러나 나는 한국 사람이고, 이런 환경과 이런 문화와 더위에 익숙하지 못하기 때문에 더욱 고통스럽다. 나는 말도 못하고 알아듣지도 못하고 이래저래 불이익을 당하고 있지만, 이들과 같이 싸울 수도 없는 노릇이다. 말을 못하기 때문에 대항할 수도 없다.

결국, 죄의식이 없는 사람들 가운데서 이길 방법은 주님께 기대는 것뿐이다. 그 은혜에 의존하는 것뿐이다. 그래서 오늘도 하나님 앞에 회개하고 회개하며, 주님의 은혜로 말미암아 이 감옥에서 견딜 수 있기를 간절히 기도한다.

2014년 4월 23일

어찌하든 견디어야 하는데…. 몸은 자꾸 아프고 기도조차 나오질 않는다. 내 영혼은 자꾸만 자꾸만 황폐해져 가고 있다. 오늘은 머리가 너무 아프고 어지러움증이 심해서 감방 안에서 또 쓰러졌다. 오늘까지 세 번째 쓰러졌다.

급성 빈혈인지, 심장에 문제가 있는지, 뇌 쪽에 이상이 있는 건지 알 수가 없다. 병원에 가려면 담당 판사 허락서가 있어야 한다고 하는데, 그 허락서도 며칠 걸려야 나온다고 한다. 그러다 죽으면 끝이다. 구치소에서는 그냥 방치하다 죽으면 그것으로 끝이다.

설상가상으로 오늘은 감방 안에서 얼굴을 얻어맞는 폭행을 당했다. 폭행을 당해도 하소연하지 못한다. 이 사람들을 사랑으로 대하기엔 내 마음이 너무 메말라 있는 것만 같다. 어찌하든 여기서 견디어야 나갈 수 있는데….

하지만 돌아보면 나에게 일어난 이 모든 일은 다 내 잘못이다. 누구를 원망하고 누구를 원망할 이유도 없다. 모두 다 덮고 잊으면 된다. 내가 그동안 인생을 살아오면서 하나님과 사람들 앞에서 잘못한 내 죗값을 치르고 있는 것일 뿐이다. 이것이 내가 감옥에 있는 이유다.

모든 게 다 힘들고 포기하고 싶지만 좀 더 힘을 내자. 모든 것을 다 잊자.

'주님 왜 나를 버리셨나이까. 주님 왜 나를 버리셨나이까.'
'주님 나를 불쌍히 여겨 주옵소서.'

2014년 4월 25일

참으로 오늘은 너무나 견디기 힘들다. 요즘 며칠째 너무 덥다. 한국에서는 35도만 되면 살인 더위라 하는데, 이곳 필리핀에서는 평균기온이 40도 이상 올라간다. 그리고 4~5월에는

45도 이상으로 올라간다. 머리가 빙빙 돈다. 땀은 하루 종일 줄줄 줄 비 오듯 쏟아지고, 마치 한국에 찜질방에 앉아 있는 것 같다.

모든 것을 주님께 내려놓고 주님만 바라보길 원하지만, 좀처럼 주님의 은혜가 멀게만 느껴진다. 그래도 고백한다.

'주님의 은혜만 구하자. 주님, 과거의 생각을 치유하여 주옵시고, 현재의 생각을 치유하여 주옵시고, 미래의 모든 것들을 인도하여 주옵소서.'

2014년 4월 27일

돌아보면, 원망해야 할 일도 아니고 분노해야 할 일도 아니다. 오히려 감사해야 할 일이다. 세상에서 도둑질을 해도 감옥에 가서 죗값을 치러야 하는데, 내가 지금 필리핀 감옥에서 죗값을 치르는 것은 어쩌면 당연한 결과다. 감옥 생활이 힘들고 고통스럽지만, 지금까지 살아오면서 수많은 사람에게 아픔과 상처를 준 것을 생각하면 십분의 일, 아니 천분의 일도 못 미치는 죗값이다.

더욱이 나는 하나님 말씀에 불순종하며 살아왔다. 그러니 이 정도는 하나님의 사랑이다. 나는 날마다 하나님께 회개한다. 그리고 사죄하는 마음으로 하루하루를 보낸다.

그러니 오히려 감사하다. 죗값을 치를 수 있는 은혜를 주셔서 언제 이 감옥에서 나갈 수 있을지 기약이 없지만, 그래도 감사하다.

2014년 6월 10일

세상에서 일어나는 일들이 우연처럼 보일지 모르나 모두 하나님 손안에 있다. 하나님의 형상대로 지음 받은 나는 아담의 원죄로 말미암아 영원히 멸망 당할 수밖에 없었지만, 십자가 사랑을 통해 하나님의 형상을 회복했다. 그리고 주님의 생명으로 이 땅에서 살 수 있도록 은혜를 받았다.

나는 지금 필리핀 감옥에 수감되어 있다. 이유야 어찌 되었든 나에게 일어난 일들은 주님의 뜻이다. 힘들고 고통스러운 시간이지만, 주님의 뜻에 순종하며 인내해야 한다. 지금은 주님의 뜻을 알 순 없다. 그러나 시간이 지난 후에 주님 앞에 정금같이 세워질 것을 믿는다. 하나님의 어리석음이 나보다 지혜롭고, 하나님의 약하심이 나보다 강하기 때문이다. 오늘도 나와 함께하시는 주님을 찬양한다.

2014년 7월 21일

물에 빠진 내가 물이 싫다고 허우적거린다 한들, 물에 빠진 것이 억울하다고 항변한다 한들 무슨 소용이 있겠는가? 지금 감옥이 그런 곳이다. 방법도 없고, 힘도 없고, 능력도 없으면서 나 스스로 물속에서 빠져나오려고 몸부림쳐봤자 나는 계속 물만 먹게 될 뿐이다. 그리고 결국엔 익사하고야 만다. 나는 지금 이 감옥에서 전염된 병에다가 원래 있던 내 지병과 합하여 아홉 가지 병마와 싸우고 있다. 거기에 심한 영적 전쟁을 치르고 있다.

정말 어쩔 수 없다. 하루하루 물 먹는 양만 많아지고 있으니 오늘부터는 그냥 물속에 떠 있기만 하자. 주님의 구조의 손길이 올 때까지 인내하자. 모든 부정적인 생각을 떨쳐 버리고 주님의 평강만 구하자. 주님의 은혜만 구하자. 언젠가는 주님의 구조의 손길이 오겠지…. 그 날을 바라보며 그냥 물속에 떠 있기만 하자.

2014년 8월 8일

오늘은 중부루손선교사협의회 목사님들 총 여섯

분이 구치소를 방문해 주셨다. 1년 4개월 만에 처음으로 한국 분들이 찾아온 것이다. 뜻밖이다. 사실 이곳 필리핀에 아무 연고도 없고 아는 사람도 없어서 면회 오는 사람도 없었다. 몸과 마음은 지칠 대로 지쳐 있고, 몸이 아파 거동조차 어려운 상황에 한 줄기 빛이 임한 것 같다. 정말 꿈만 같다. 아무나 붙잡고 울고 싶었다. 목 놓아 울고 싶었다. 눈물밖에 흐르지 않는다. 하염없이 울고 싶다. 무어라 표현할 수가 없다. 하나님의 사랑이 임하는 것 같다

물론 누가 누구인지 모르겠다. 모두가 다 한국 분들이라는 것밖에는 모른다. 그분들은 내 사연을 공론화하고 나를 도와줄 방법을 찾아보겠다는 말씀도 하신다. 이 얼마나 듣고 싶었던 말인가. 얼마나 기다렸던 말인가.

그뿐만 아니라, 이제 이 사건 당사자를 만나서 사건 해결을 위한 협의도 할 것이라는 말씀도 해 주셨다. 얼마나 감사했는지 모른다. 하나님께서 나를 불쌍히 봐 주셔서 중부루손선교사협의회(중선협) 목사님들을 보내주신 것이다. 목마른 사슴이 시냇물을 만난 것처럼 위로가 되고 힘을 얻었다. 절망 속에서 헤매던 가운데 한 줄기 빛을 만난 것이라고나 할까. 중선협에서 관심을 갖기 시작했다는 건 분명 희망이 보이기 시작한다는 의미였다.

2014년 8월 15일

필리핀 중부루손선교사협의회(중선협) 총 여섯 분의 선교사님들께서 두 번째로 구치소를 방문해 주셨다. 한국 음식도 정성껏 준비해 오셨고, 생활용품, 이불, 옷가지 등 많은 것을 챙겨 가지고 오셨다. 이곳 구치소에서는 생활비가 많이 들어간다. 특히 외국 사람들에겐 작정하고 돈을 뜯어내기에, 요즘 몇 개월째 돈이 없어 며칠씩 밥을 못 먹고 비참한 생활을 하고 있었다. 감방 안에서 외국인이 돈 떨어지면 개나 돼지만도 못한 비참한 생활을 해야 한다. 그런데 오늘 선교사님들께서 한국 음식을 정성껏 가져오셨다. 얼마 만에 먹어보는 한국 음식인가? 눈물이 앞을 가린다. 정말 살 것 같다. 아픈 몸이 금방이라도 나을 것 같다.

선교사님들께서는 여러 군데에 내 사연을 알리고 내 구명을 위해서 노력하겠다고 말씀하셨다. 한국에 들어가시는 선교사님에게도 내 사연을 알려 구명을 위해서 노력할 수 있도록 해 보겠다고 하셨다. 다음 달(9월) 중선협 월례회 모임에서는 회장님과 임원 목사님들이 내 석방대책위원회를 구성해 주시겠다는 말씀도 해 주신다. 중부루손선교사협의회 모든 선교사님께 감사드린다.

📖 2014년 8월 22일

　　중부루손선교사협의회에서 여섯 분의 목사님들이 세 번째 방문해 주셨다. 이번에도 정성껏 준비하신 한국 음식과 여러 가지 생활용품도 갖다 주셨다. 참으로 고맙고 감사할 따름이다. 중선협 선교사님들과 사모님들이 돌아가면서 면회를 오시는데, 그중에 홍양순 선교사님이 계신다. 홍 선교사님께서 주도적으로 발 벗고 나서서 나를 도와주시는 것 같다. 아직은 누가 누군지 알 수는 없지만, 여러 선교사님과 사모님들이 관심을 갖고 기도하며 도와주신다. 무엇보다 이 사건 당사자를 하루빨리 만나서 내 석방을 위해 노력하겠다는 말씀도 하신다. 내가 먼저 석방되든, 사건이 해결되든 이 사건 당사자가 최대한 협조해 줬으면 하는 바람이다.

　　물론 지금까지 나에게 행동하는 것이나 무책임하게 하는 것으로 봐서는 협조해 줄 것 같지는 않다. 그래도 희망을 걸어본다. 옆에서 도와주려고 할 때 최대한 협조하고 힘을 모아서 사건이 빨리 해결되도록 노력해 준다면 얼마나 좋을까.

　　어찌 되었든 나는 중선협 선교사님들의 보살핌으로 인하여 건강이 많이 좋아지고 있다

　　무엇보다 정신적으로 안정을 찾아가고 있다. 종기와 피부병으로 온몸이 피가 철철 흐르도록 긁어 댈 정도로 가려움증이 심했는데,

선교사님들께서 갖다주신 약으로 가려움증도 많이 좋아지고 있다. 무엇보다도 정신적인 스트레스가 면역력을 떨어뜨렸는데, 그분들의 도움으로 이 부분에서도 회복이 되는 듯하다. 갚을 길 없는 사랑을 받고 있으니 이것이 하나님 사랑이 아닌가! 나는 중선협 목사님들과 사모님들을 통해서 엄청난 사랑의 빚을 지고 있다.

♪ 2014년 9월 3일 _ _ _ _ _ 엥겔레스 구치소에서 드리는 고백

주님!
믿음 없는 저를 용서하여 주옵소서.
하나님께서 행하시는 일에 대하여
인정하지 못했고 묵묵히 순종하지 못했습니다.
제가 이 필리핀 감옥에 들어온 것에 대해
억울하다고 항변하며 원망과 분노로 많은 시간을 보냈습니다.
이것이 하나님께 대한 불신앙이란 것을 잘 알면서도
수없이 죄를 짓는 연약함과 악함을 보였습니다.

주님. 연약한 저를 불쌍히 여겨 주옵소서.
주님. 제가 이곳에서 당하는 고통을
어찌 주님 당하신 고난과 비교할 수 있겠습니까.
십자가에서 당하신 주님의 고통을 묵상하며 회개하고 회개하오니
십자가 사랑으로 저를 어루만져 주옵소서.
주님! 제가 이 감옥에 들어오지 않았더라면
어찌 주님 마음을 알 수 있었겠습니까.
거침없이 달려가는 제 인생에 쉼표를 찍어주시고
새로운 인생으로 거듭날 수 있도록 기회를 주시고
회개할 수 있는 은혜를 주시니 감사드릴 뿐입니다.

제가 이 감옥에 들어오지 않았더라면
보배 되시는 주님을 볼 수 없었고
진리 되시는 주님을 깨닫지 못했을 것입니다.
이 필리핀 검찰이 내린 무기징역이란 구형은
하나님 앞에 아무런 의미도 없습니다.
하나님께서 지금이라도 나를 석방하시기로 하신다면
지금 당장에라도 석방시킬 수 있습니다.
그러나 하나님께서 나를 영적으로 더 성장시키는 데에
시간이 필요하기 때문에
좀 더 기간이 걸리는 것뿐입니다.

그래도 이 감옥 안에서 먹을 수 있어서 감사하고
들을 수 있어서 감사하고
몸이 더 이상 아프지 않아
병원 신세 안 지게 하시니 감사합니다.
언젠가는 석방되어
한국에 갈 수 있도록 해 주실 것을 믿으니 감사합니다.

♩ 2014년 9월 12일 _ _ _ _ _ 엥겔레스 구치소에서 드리는 고백

인생이란!
어차피 빈손인걸….
주님 앞에 설 때 빈손 들고 서야 하는걸….
나는 왜 움켜진 손을 펴지 못하고 살아왔을까….
내가 가진 세상 짐들이 너무 많아
버리지 못하고 끙끙대며 살아온 지난 세월들….
내 의도 소용없고 내 공로도 소용없는데
오직 주님의 의와 주님의 긍휼로 가야 하는데….
내 열심으로 주님께 가는 것도 아니고
내 노력으로 주님께 가는 것도 아닌데….
오직 주님 은혜로 가야 하는데….
왜….
그리 세상 짐들을 버리지 못하고 살아왔을까.

오늘도 빈손
내일도 빈손
모레도 빈손
어차피 인생은 빈손인걸….
빈손 들고 주님 앞에 서는 그 날
주님께서 반겨 맞아 주셔서 영원한 천국을 누리게 하옵소서.

♪ 2014년 9월 15일 _ _ _ _ _ 엥겔레스구치소에서 드리는 고백

그리스도의 마음으로만 천국이 보이고,
하나님의 의로만 영생이 보인다오.
복음으로만 구원이 보이고
말씀으로만 주님의 음성을 들을 수 있다오.
생명으로만 주님의 얼굴이 보이고
믿음으로만 하나님 나라에 갈 수 있다오.
말씀으로만 말씀을 먹을 수 있고
생명으로만 생명이 보인다오.
복음으로만 복음을 알 수 있고
구원으로만 구원이 보인다오.
그리스도 마음으로만 그리스도를 알 수 있으니
이것이 천국 비밀이요, 천국 보화일세.
우리에겐 천국 비밀이 허락되었으니
이것이 축복이요, 이것이 은혜일세.

> 이는 그리스도 예수 안에 있는 생명의 성령의 법이 죄와 사망의 법에서 너를 해방하였음이라 (롬8:2)

2014년 10월 10일

오늘은 엥겔레스 한인교회협의회 회장님이신 오상훈 선교사님과 홍양순 선교사님 등 다섯 분의 선교사님과 사모님들이 구치소를 방문해 주셨다. 기도해 주시고, 위로해 주셨다. 너무 감사하다. 여러 기관 단체에서 나에 관한 관심을 갖고 사랑을 베풀어 주신다.

9월에는 약속대로 중부루손선교사협의회에서 내 석방대책위원회를 구성해 주시고, 헌금도 모아 주시면서 물심양면으로 도와주고 계신다. 이연호 목사 석방대책위원 목사님들께서 이제는 발 벗고 나서 주신다. 얼마나 감사한 일인가?

내 석방대책위원 목사님이신 홍양순 선교사님께서 주축이 되어 박원철 선교사님, 이능호 선교사님, 오상훈 선교사님, 강명숙 사모님 외 여러분께서 여러 곳에 내 사연을 알리며 석방을 위해서 힘쓰고 계신다. 여러 기관 단체에서 나에 관해 관심을 가지고 사랑을 베풀어 주고 계신다.

한편 홍양순 선교사님께서 한국에 다녀오셨는데, 뜻밖의 큰 선물을 가지고 오셨다. 김진주 선교사님을 필리핀에 파송하여 선교하시는 충남 세종시의 한 교회 목사님께서 내 사연을 들으시고 안타까워하시며 상당 금액을 석방 비용으로 헌금해 주셨다는 것이다.

이름도 모르고 얼굴도 모르고, 아무것도 모르는 목사님들, 필리핀의 많은 선교사님께서 눈물의 기도를 드려 주시고, 사랑의 헌금을 모아서 내 석방을 위해 노력해 주고 계신다.

이것은 분명 하나님의 사랑이 아니라 할 수 없다. 하나님의 사랑이 아니면 이런 일들이 일어날 수 없다. 믿음 없이 죽어 가는 나에게 중선협 선교사님들을 보내 주시고, 내 석방대책위원 목사님들을 통해서 소망 없이 죽어가는 한 영혼을 살려 내시고 있는 것이다. 이것이 하나님의 사랑 아니고 무엇이겠는가? 나는 그 사랑과 믿음을 먹고 회복되고 있다.

이제 하나님께서 일을 시작하셨다. 조금만 참고 견디면 석방될 것을 나는 믿는다. 하나님께서 나를 불쌍히 여겨 주셔서 올해 안에 나를 석방시켜 주셨으면 하는 마음 간절하지만, 하나님의 생각과 내 생각이 다르니 주님 때를 기다리며 견디어야 하겠다.

"주님! 제 석방을 위해 애쓰시고 힘쓰시는 내 석방대책위원 목사님들을 축복하여 주옵시고, 그분들이 지치지 않도록 영육 간에 붙잡아 주옵소서. 그리고 기도와 물질과 시간으로 헌신하시는 모든 선교사님과 사모님들을 축복하여 주옵소서."

2014년 12월 12일

　　오늘은 석방대책위원 목사님들을 포함하여 여섯 분의 선교사님들이 변호사를 대동하고 구치소를 방문해 주셨다. 비로소 1년 8개월 만에 내 변호사가 선임된 것이다.

　　지난 8월부터 중선협에서 이연호 목사 석방대책위원회를 구성해 주시고, 목사님과 선교사님, 사모님들께서 구명운동을 해 주시고, 기도와 물질로 헌신해 주신 지 5개월 만에 내 개인 변호사가 선임된 것이다. 참으로 감격스럽고 가슴이 벅차오른다.

　　이제 내 석방을 위해 변호사가 법정에서 재판에 임할 것이다. 사실 나는 내가 따로 변호사를 선임할 이유가 없었다. 이 사건 당사자가 도의적 책임을 다했더라면 이럴 필요가 없다. 그러나 그동안 그 사람은 사건을 해결하려는 의지를 갖지 않았다. 오히려 자기도 피해자라는 말을 하는 등 자기변명만 늘어놓았다고 한다. 지난 8월 이후 내 석방대책위원 목사님들께서 사건 해결을 위해 그를 만났을 때도 대화를 거부하며 자기변명만 했다고 한다.

　　그러면서 5개월이란 시간이 지났고, 결국 오늘 내 석방을 위한 내 개인 단독 변호사를 선임하게 된 것이다. 감사하면서도 한편으로는 안타깝고 가슴이 아프다. 내가 억울하게 누명을 쓰고 감옥에 들어온 것도 가슴 아픈 일이지만, 사건 해결을 위해서 발 벗고 나서서 책임을 다해야 할 사건의 장본인이 대화를 거부하며 책임을 회피하니….

그래도 이제 내 변호사가 선임되었으니 내년(2015년)에는 석방되었으면 하는 간절한 마음을 가져 본다.

2014년 12월 30일

또 한 해가 저물어 간다. 2014년에는 석방될 줄 알았는데, 결국 한 해가 지났다. 구치소 안은 정신없이 시끄럽기만 하다. 구치소 안에서는 사람들이 노래방 기계를 틀어 놓고 노래 부르느라 정신이 없다. 구치소 마당에서도 노래방 기계를 틀어 놓고, 춤추고 노래하느라 난리다. 온 가족 친척이 면회를 와서 음식을 해 먹고 노래를 부르며 논다. 꼭 가족 휴양소 같다. 12월 한 달 내내 이렇게 하며 지내니, 구치소 안은 참으로 정신없다.

이렇게 먹고 놀기 위해서 감방에 있는 외국인들에게 기부금 명목으로 돈을 뜯어내는 것이다. 그 돈으로 구치소 교도관들 40~50여 명에게 상납하기도 한다. 심지어 여자들은 그 좁은 방에서 잠을 자며 섹스를 한다. 감방마다 섹스하기 위해 대기하는 여자들이 넘쳐날 정도다. 성행위는 문란할 만큼 자유분방한 게, 필리핀 구치소의 현실이다.

이들은 감옥에서 5년을 있어도 행복하고, 10년을 있어도 행복하고, 15년을 있어도 행복하다. 한국은 쓸데없는 걱정, 근심, 염려 때문에 세계에서 행복 지수가 꼴찌 수준이라는데…. 그러고 보면 인간이 살아가는 데 있어 행복의 기준은 물질의 풍요로움이 아닌 것 같다.

이곳 필리핀 사람 중 70~80%가 못 사는 극빈층 계층이다. 중간 계층이 없다. 현재 구치소에 들어와 있는 전체 인원 중에서도 70~80%가 극빈층이다. 그리고 전체 마약사범이 70%가 된다. 신문에 나온 통계를 보면 극빈층을 포함, 정치인과 같은 기득권 계층까지 다 포함하여 필리핀 전체 인구 중 50%가 마약과 직간접으로 연관되어 있다고 한다. 실제 내가 구치소에 있으면서 확인해 보니 그 말이 맞는 것 같다. 이들의 생활문화를 접하면서 정신적으로 이상이 올 정도로 너무 혼란스럽다.

2014년 12월 31일

2014년 12월 마지막 날이다. 구치소 안은 발 디딜 틈도 없이 북적댄다. 면회객들이 몰려온 탓에 그렇다. 정신을 쏙 빼

버릴 정도로 시끄럽다. 대화 자체가 불가능할 정도로 감방 안과 밖은 너무나 시끄럽다.

이들의 정신없는 문화와 이들의 시끄러움 속에서 오늘도 정신을 차리지 못하고 있는데, 70대 할머니 한 분이 나를 위로해 주기 위해서 오셨다. 이름도 모르고, 나이도 모르고, 직분도 모르고, 어디 사시는 줄도 모르는 분이다. 심지어 오늘이 첫 번째 방문이 아니라, 다섯 번째 방문이다(첫 번째 방문: 2014년 12월 2일, 두 번째 방문: 12월 9일, 세 번째 방문: 12월 16일, 네 번째 방문: 12월 23일).

첫 번째 방문 당시, 누군가가 면회 소식을 알리며 누워 있는 나를 깨웠다. 구치소에는 면회객들이 감방 안으로 들어올 수 있는데, 일어나 감방 안을 둘러보니 면회 온 사람이 없었다. 그런데 누가 밖에 서 있다는 말을 듣고는 나왔다. 내가 수감되어 있는 방은 2층 11번 방인데, 그곳을 나와 계단 밑 1층을 바라보니 많은 사람 틈 속에서 힘겹게 벽을 붙잡고 서 있는 할머니 한 분이 계셨다. 나는 계단 밑으로 내려가서 말을 했다.

"어떻게 오셨습니까? 한국분이신가요? 어디서 오셨는지요?"

"네. 나는 한국 사람인데 여기서(엥겔레스 시내) 살아요."

"아, 네. 그러세요. 그런데 어떻게 저를 알고 찾아오셨나요?"

그런데 옆에 보니 40대로 보이는 한국 남자 한 명이 서 있는 것이다. 처음에는 할머니와 이야기하느라 이 남자분을 보지 못했다(이 남자분은 나중에 알고 보니 내 석방대책위원 목사님들에게 변호사를 소개해 준 엥겔레스 한인회 전직 한인회장님이신 한형교 사장님이셨다).

이 분이 내 말을 받아서 이야기하셨다.
"할머니는 저희 집 손님이시고요. 저는 휘렌쉽에서(엥겔레스 한인촌) 식당을 합니다. 저는 할머니 부탁을 받고 왔습니다. 할머니 혼자 구치소에 오실 수 없어서 제가 모시고 왔습니다."
"아, 네. 그러세요. 어떻게 제 소식을 알게 되었습니까?"
"네. 저희 식당에서 몇 분의 목사님이 식사를 하셨는데 한국에서 온 어느 목사가 누명을 쓰고 억울하게 구치소에 수감되어 있다는 얘기를 하는 것입니다. 심지어 1년이 넘었다고 했습니다. 그 이야기를 할머니가 옆에서 우연히 듣게 된 것입니다. 할머니께서 식당에서 들은 이야기를 할머니께서 아시는 어느 목사님을 통해 확인하게 되었고요. 그렇게 구체적인 내용을 알게 되었습니다. 그 이후로 목사님을 위해 기도를 해 오던 중, 목사님을 찾아가 봐야겠다는 마음이 간절히 왔다고 합니다. 그러나 할머니는 혼자서 올 수가 없기에 저에게 동행해 줄 것을 부탁했고, 이렇게 할머니를 모시고 오게 된 것입니다."
"아! 네. 감사합니다."

그런데 할머니 몸이 매우 편찮아 보였다. 옆에서 부축을 해줘야 걸음을 걸으실 수 있는 상황이었다. 혼자서는 비틀거리며 두세 걸음도 못 걸으신다. 나는 다시 할머니께 질문했다.

"할머니, 목사님이세요?"

"아니야…."

"그럼 선교사님이세요?"

"아니야…."

"그럼 사모님이세요?"

"아니야…."

"그럼 권사님이세요?"

"아니야…. 아무것도 아니야…."

"그럼 할머니 성함은요?"

"다음에 알려 줄게…."

그리고 잠시 내 손을 만져보시며 눈물을 흘리셨다. 아무 말씀을 안 하셨다. 나도 말없이 눈물만 펑펑 쏟아 내고 있었다. 그렇게 10여 분 앉아 계시다가 돌아가셨다.

할머니가 돌아가시는 뒷모습을 바라보면서, 가슴이 찢어지도록 울고 또 울었다. 걸음도 걷지 못하시고 부축을 받아야 걸을 수 있는 할머니께서 이렇게 나를 위로해 주기 위해 오셨으니….

분명 하나님의 천사다. 하나님이 보내신 것이다. 감옥에 있는 나를 불쌍히 여겨 주셔서 하나님께서 할머니를 통해 위로해 주신 것이다.

일주일 뒤, 할머니께서 할머니 두 번째로 방문하셨다. 이번에도 계단 위로 올라오시지 못하고 마당에서만 뵀다. 그런데…. 이번에는 동행자 없이 혼자 오셨다. 혼자서는 움직일 수 없다는 것을 잘 알고 있는데 혼자 오신 것이다. 이게 어찌 된 사건인가…. 정말 혼자 오셨다는 말인가…? 구치소 앞까지 누가 부축해 준 뒤, 할머니 혼자만 들어오신 것이 아닌가 하여 확인해 보았다. 그런데 분명 혼자 오셨다는 게 아닌가.

여기가 한국도 아니고, 무슨 일이라도 당하거나 넘어지시면 큰일 난다. 그런데도 이렇게 오신 것이다. 나는 할머니께 죄를 짓는 것 같은 마음까지 들었다. 내 마음에 부담이 다가왔다.

"할머니. 그냥 기도만 해 주셔도 감사해요. 이제 오시지 마세요. 제가 많이 걱정돼요."

그런데 할머니는 이렇게 말씀하셨다.

"구치소에 와서 안 보면 내 마음이 편치가 않아."

그렇게 그날도 약 10분 정도 머물다 돌아가셨다.

이 일을 어떻게 해야 하나…. 할머니의 두 번째 방문 이후 나는 간절히 기도했다. 할머니 몸도 성치 않은데 오시지 않게 해 달라고.

그러면서도 이런 생각을 했다. 할머니 혼자 오신다는 것은 성령님의 도우심이 없이는 불가능하다고. 성령님께서 붙잡아 주시지 않으면 절대 불가능하다고. 그래서 이런 기도도 드렸다.

"성령님. 할머니를 보호해 주세요. 할머니 걸음걸음 성령님의 도우심이 필요하오니 할머니와 함께해 주세요."

이후로도 할머니는 두 번이나 더 찾아오셨다. 심지어 혼자서…. 그리고 오늘 마지막으로 다시 오셨다. 다섯 번째다. 오늘도 역시 혼자서 방문하셨다. 구치소 벽을 의지해서 힘겹게 한 걸음 한 걸음 나가시는 할머니 뒷모습을 바라보며 통곡이 터져 나오고 말았다. 어떻게 해 줄 수 없는 안타까움에 통곡하며 울었다. 다행히 오늘은 할머니께서 이제는 못 올 것 같다고 말씀하셨다. 그리고 귀한 말씀을 해 주신다.

"구원의 삶은 이 세상에서 넓고 편안한 길이 아니다."
"세상에는 구원받은 사람은 많지만, 구원을 이루는 사람은 그리 많지 않다."

나는 할머니의 이 말씀을 들으면서 이런 생각이 들었다. 할머니에 대해 아는 것이 전무하지만, 그 말씀이 할머니의 전 인생을 압축하고 있는 것 같다고…. 할머니는 넓고 편안한 삶을 버리고 성령님과 동행하며 좁은 고난의 길을 선택하며 사셨을 것만 같았다. 그런 성령님의 음성이 내 마음속에 들려왔다.
그리고 그 말씀은 분명 주님의 말씀이었다. 주님은 할머니의 입술을 통해서 나에게 위로와 용기를 주고 계셨다.

나는 오늘도 간절히 기도한다.
"할머니를 천국에 들어가는 그 날까지 붙잡아 주옵소서. 찬양하며 주님을 만날 수 있도록 붙잡아 주옵소서."

"비틀비틀 힘겹게 구치소 벽을 붙잡고 걸어가시는 할머니 모습의 속에서 예수님의 모습을 보았습니다. 물과 피를 다 쏟으시고 골고다 언덕을 오르시는 예수님의 모습을 보았습니다. 내 죄를 사해 주시려 용서의 십자가를 지시고 힘겹게 갈보리 언덕길을 오르시는 주님의 모습을 보았습니다. 나를 용서하시기 위해 채찍 맞아 피 흘리시는 예수님 모습을 보았습니다."

그렇게 할머니는 2014년 마지막 날, 마지막으로 나를 위로해 주시기 위해 방문해 주셨다.
'할머니! 강건하세요.'
'할머니! 사랑하고 축복합니다.'
'할머니! 주님의 이름으로 사랑합니다.'

제4장

2015년,
엥겔레스 구치소에서의 삶

* 2015년 4월 엥겔레스 구치소에서

📎 2015년 1월 3일

 2015년 새해가 시작되었다. 작년(2014년)에는 석방이 안 되었으니 2015년에는 반드시 석방될 것을 믿는다. 하나님께서 나를 불쌍히 여겨 주셔서 하나님의 시간에 맞춰 석방시켜 주실 것을 믿는다.
 내 석방을 위해 여전히 중부루손선교사협의회에서 도와주고 계시며, 내 석방 대책위원 목사님들께서 사랑의 헌신을 하고 계신다. 어려운 상황 속에서도 눈물의 기도와 물질과 한국 음식으로 도와주고 계신다. 너무 감사하다. 인생을 살다 보면 슬픈 일도 당하고, 어려운 일도 당하고, 고난도 만난다. 반면에 행복했던 시절도 있고, 기뻤던 때도 있다.

　형통한 날에는 기뻐하고, 곤고한 날에는 생각하라고 하신 주님의 말씀처럼 지금 나는 곤고한 일을 만나서 다시 한 번 내 인생을 되돌아볼 수 있는 것 같다. 석방되는 그 날까지 하나님께서 허락하신 이 훈련을 잘 받자는 생각을 해 본다. 감사함으로….

♩ 2015년 1월 7일 _ _ _ _ _ _ 엥겔레스 구치소에서 드리는 고백

인생이란….
연필로 쓰는 것이라오.
연필로 쓰다가 쓰다가 잘못 쓰면
주님의 지우개로 지울 수 있기 때문이라오.
죄악으로 쓰는 인생, 용서의 지우개로 지워 주시고
원망과 분노로 쓰는 인생, 평안의 지우개로 지워 주시고
욕망과 욕심으로 쓰는 인생, 사랑의 지우개로 지워 주시고
아픔과 상처로 쓰는 인생, 회복의 지우개로 지워 주시고.
고난과 고통으로 쓰는 인생, 위로의 지우개로 지워 주시고.
영혼이 병듦으로 쓰는 인생, 치유의 지우개로 지워 주신다오.

내 인생 주님께 맡기오니
영원히 지워지지 않는 천국 인생으로 써 주옵소서.
오직 주님의 도우심만 구합니다.
오직 주님의 은혜만 구합니다.

♪ 2015년 1월 11일_ _ _ _ _ _ 엥겔레스 구치소에서 드리는 고백

한 마리 새가 되어
한 마리 새가 되어
창공을 나는 한 마리 새가 되어,
이 감옥에서 벗어날 수 있다면….
언제고 갈 수 있는 곳,
아버지의 품 안….
아버지의 둥지….
영혼의 자유함이 있는 곳….
아픔이 없고 슬픔이 없는 곳….
내 눈물을 내 눈에서 닦아주는
따뜻한 아버지 손길이 있는 곳….
한 마리 새가 되어
한 마리 새가 되어
내 영혼의 둥지인 하나님 나라로….

> 모든 눈물을 그 눈에서 씻기시매 다시 사망이 없고 애통하는 것이나 곡하는 것이나 아픈 것이 다시 있지 아니하리니 처음 것들이 다 지나갔음이러라 (계21:4)

2015년 1월 21일 _ _ _ _ _ 엥겔레스 구치소에서 드리는 고백

내가 지금 이 감옥에 있는 것도 하나님의 축복이요,

내가 이 감옥에서 질병을 얻은 것도 하나님의 축복이요,

내가 지금 병마에 시달리는 것도 하나님의 축복이요,

내가 지금 이 감옥에서 고난과 고통 속에 있는 것도 하나님의 축복이다.

해 아래에서 일어나는 모든 일은

모두 다 하나님 손안에 있는 것이니

하나님 시간 속에 있는 나에게는 모든 것이 축복으로 다가온다.

그러니 어찌 내가 하나님 섭리를 거역할 수 있으랴.

내 인생의 앞날도 나는 알 수 없는 것….

내가 기쁜 일을 만날는지, 슬픈 일을 만날는지

모두 다 하나님의 손안에 있는 것….

내 비록 불행한 삶을 살아왔어도 하나님의 축복이요,

내 비록 행복한 삶을 살아왔어도 하나님의 축복이다.

지금 내가 살아 있는 것, 이것도 하나님의 축복이다.

주님을 경외할 수 있어서 축복이요,

주님을 바라볼 수 있어서 축복이요,

감사할 수 있는 은혜를 주셔서 축복이요,

이 축복을 누릴 수 있어서 축복이다.

그리고 이 축복을 누리다가 주님 나라에 가면 더 큰 축복이다.

지금이라도 주님이 불러 주시면 이것 또한 축복이 아닐 수 없다.

> 주의 궁정에서 한 날이 다른 곳에서 천 날보다 나은즉 악인의 장막에 거함보다 내 하나님 문지기로 있는 것이 좋사오니 (시84:10)

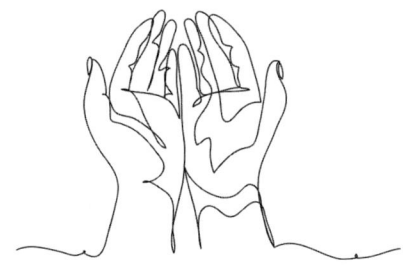

♪ 2015년 1월 26일 _ _ _ _ _ 엥겔레스 구치소에서 드리는 고백

하나님께서 하시는 일들은 변치 않는다.
그 위에 더할 수도 없고
그것에서 덜할 수도 없다.
세상이 불공평하다고 말할 수도 없고
세상이 악하다고 말할 수도 없고
세상이 선하다고 말할 수도 없다.
오직 하나님께서 행하시는 일들은 하나님만 아신다.

재판하는 곳에도 악이 있고
정의를 행하는 곳에도 악이 있다.
어떤 사람은 자기 의로움에도 불구하고
멸망하는 의인이 있고
어떤 사람은 자기 악행에도 불구하고
장수하는 악인이 있다.
악인의 행위에 따라 벌을 받는 의인도 있고
의인의 행위에 따라 상을 받는 악인도 있다.
부귀영화를 다 가지고도 불행한 삶을 사는 사람도 있고
가난해도 지혜롭고 행복하게 사는 사람이 있다.

물질을 사랑하는 자는 물질로 만족함이 없고
부귀영화를 사랑하는 자는 부귀영화로 만족함이 없는 법.
나 또한 모태에서 벌거벗고 나왔으니
이 세상 떠날 때
아무것도 손에 가지고 갈 수 없다.

내가 비록 천년의 갑절을 산다 할지라도
주님 없는 삶은 허무하고 헛되며
주님과 동행하는 삶은 그 자체로 복된 길이니
이 감옥에서 잠시 잠깐 받는 이 고난 역시 아무것도 아니다.
이 땅의 삶이 끝나는 그 날
천국을 소유한 천국 백성이 되어
영원한 삶을 누릴 테니….

> 만물의 피곤함을 사람이 말로 다 할 수 없나니 눈은 보아도 족함이 없고 귀는 들어도 차지 아니하는 도다 (전1:8)

📎 2015년 2월 4일

오늘은 재판에 다녀왔다.

2014년 12월 12일, 내 변호사가 선임되고 2015년에 첫 번째로 열리는 재판이다. 참으로 감격스럽다. 가슴이 벅차다.

결과야 어찌 되든 변호사가 있는 상태에서 재판받는 것과 없는 상태에서 재판받는 것은 하늘과 땅 차이다. 앞이 보이지 않는 캄캄한 터널 속에서 방황하며 어찌할 바 몰라 하던 작년에 비하면 참으로 가슴 벅찬 오늘이다. 그래도 희망이 보이는 것 같다.

오늘도 내 석방 대책위원 목사님들 네 분이 재판정에 오셨다. 모두들 바쁜 일정들을 뒤로 미루고 재판정에 오셔서 나를 격려해 주시고 위로해 주신다. 참으로 고맙고 감사하다.

내 변호사는 내 무죄 입증이 쉽지 않다고 하지만 그래도 최선을 다해서 열심히 나를 위해 변호해 주는 것 같다. 중선협의 모든 선교사님, 석방대책위원 목사님들, 한국에 계신 분들도 여전히 여러 방면으로 노력해 주시고 계신다. 조금씩 조금씩 하나님께서는 내 석방을 위해 준비하시고 계시는 것 같다.

그분들이 지치지 않도록 날마다 새 힘이 공급되길 기도한다. 가정과 사역 위에 주님의 축복이 늘 함께하시기를 간절히 기도한다.

2015년 2월 13일

오늘은 두 분의 목사님과 사모님께서 구치소를 방문해 주셨다. 마음이 힘들고 어려울 때마다 이렇게 찾아 주셔서 위로해 주시고 기도해 주신다. 한국 음식도 정성껏 준비해 가지고 오셨다. 전에도 계속 사모님께서 정성껏 한국 음식을 갖다 주셨는데, 오늘 또 이렇게 한국 음식을 먹게 되었다. 나는 음식을 먹는 것이 아니라 하나님의 사랑을 먹고 있는 것이다. 참으로 말할 수 없이 감사하다.

이제 변호사를 통해서 재판도 받았기에 모든 게 순조롭게 진행되고 있는 것 같다. 감사한 일이다. 하나님께서 일하심을 보고 있으니 이제 조금만 참으면 석방이 되어 한국에 돌아갈 수 있을 것 같다. 억울하게 누명을 쓰고 필리핀 검찰의 무기징역이란 구형 아래 수감 생활을 하고 있지만, 하나님 앞에서는 인간이 만들어 놓은 무기징역이란 아무 의미가 없음을 안다. 그리고 내가 석방될 그 날이 더 가까이 다가오는 것을 나는 믿는다.

사람이 할 수 없는 일, 하나님께서는 하신다. 어차피 나는 하나님의 손에 달려 있다. 하나님께서 나를 이 감옥에 보내셨으니 하나님께서 나를 이 감옥에서 빼내 주실 줄 믿는다.

주님 뜻에 순종하며 조급하게 맘먹지 말고 조금만 기다리자. 부족하고 연약한 나에게 기도로, 물질로, 시간으로, 음식으로 헌신해 주시는 모든 선교사님과 사모님께 진심으로 감사드린다. 하나님의 축복이 모든 선교사님 사역 위에, 가정 위에 함께하시길 기도한다.

2015년 2월 18일

오늘도 재판에 다녀왔다. 내 변호사가 선임되고 두 번째 열리는 재판이다. 재판정에 박원철 선교사님, 홍양순 선교사님, 오상훈 선교사님, 강명숙 선교사님, 네 분의 선교사님들께서 참석해 주셨다. 모두들 관심을 갖고 도와주고 계신다. 감사할 뿐이다.

그러나 오늘 재판은 별수 없이 다음 달 3월 4일로 연기가 되었다. 답답하고 초조하기는 하지만 별수 없다. 여기 재판 방식은 필리핀 방식에 의해서 진행되기 때문에 답답하지만(그리고 납득이 가지 않지만), 어쩔 도리가 없다. 그래도 다행스러운 것은 현지인 변호사가 내 무죄를 입증하기 위해서 계속 최선을 다하고 있다는 것이다.

조급한 마음을 빨리 떨쳐 버리고, 마음도 비우고 생각도 비우자. 감옥 안에 있는 내가 죄인이 아니라고 발버둥 친다 한들, 감옥 안에 갇혀 있는 나는 죄인이다. 분명 나는 죄인이다. 하나님 앞에 죄인이다.

  죄인이 아니라고 떠들어 대는 것처럼 바보인 경우가 없다. 나는 바보요, 죄인이다. 주님의 때를 기다리자. 바보가 되자. 멍청이가 되자. 주님이 석방시켜 주실 때까지 견디자. 바보는 스트레스를 받지 않는다. 멍청이는 스트레스를 받는 일이 없다. 그래도 올해 안에 보석이라도 얻어 석방될 수 있는 길이 열렸으니 감사하지 않은가? 모든 잡생각을 다 잊고 바보가 되자. 바보처럼 감사하자. 무조건 감사하고 무조건 감사하자. 다음 재판(3월 4일)에 좋은 결과가 있을 것을 기다리며 감사하자.

2015년 2월 19일

  오늘은 구정이다. 한국의 고유 명절인 설날이다. 한국에서 느껴보지 못했던 묘한 감정이 지금 내 인생을 사로잡는다.

  어릴 적 시절이 생각난다. 주마등처럼 스쳐 지나간다. 자꾸자꾸 눈물만 흐른다. 하염없이 눈물만 흐른다. 마음이야 무겁고 착잡하지만 빨리 무거운 마음 떨쳐 버리고 평안을 찾아야 한다. 내가 이 감옥에 있는 시간은 지나온 내 인생을 다시 한 번 생각할 수 있는 기회니까…. 하나님이 허락하신 특별한 은혜의 시간이니까….

생각하면 생각할수록 하나님 앞에 부끄럽고 부끄럽다. 하나님께서는 나를 56년 동안 보살펴 주시고 인도해 주셨다. 그런데 나는 하나님께 드린 것이 하나도 없다. 하나님의 마음을 기쁘시게 해 드린 적도 없다. 그런데 지금 이 감옥에서 하나님의 은혜에 감사하고 회개하고 반성할 수 있도록 인도해 주시니 감사할 뿐이다.

오늘은 하나님께 세배나 해야겠다. 마음의 무릎을 꿇고 이 죄인을 받아 달라고 세배를 해야겠다. 어찌하든 나는 주님의 손안에 있다. 내가 여기서 죽든지 살든지 모두 주님의 권한이다. 몸이 여러 군데 아프고 괴롭고 힘들지만, 그래도 괜찮다. 나에게 천국 소망을 주시고 그 소망을 바라볼 수 있도록 만나를 공급해 주시니 무엇이 필요하겠는가? 천국 소망이라는 만나 외에 무엇이 더 필요하겠는가? 모든 환경과 아픈 몸은 내 육신을 죽일지 몰라도 나는 영의 눈을 열어 천국소망을 바라보고 있으니, 이것 외에 무엇이 더 필요하겠는가!

📎 2015년 2월 22일

오늘은 한국 대사관에서 구치소로 택배가 왔다.

컵라면, 비누, 치약, 칫솔, 고추장, 물파스, 연고 등, 구치소 안에서 꼭 필요한 물품들이다. 해마다 구정 때와 추석 때가 되면 이런 물품들을 보내준다. 고마운 일이다.

나는 지금까지 4번을 받았으니 벌써 2년이 흘렀다고 볼 수 있다. 하루도 견딜 수 없었던 것 같았었는데, 벌써 2년이 다 되어 가고 있으니 정말 하나님 은혜가 아닐 수 없다.

아픈 몸도 많이 좋아지고 있다. 밖에서는 내 석방 대책위원 목사님들과 여러 선교사님께서 내 석방을 위에 노력을 아끼지 않으신다. 변호사도 최선을 다해서 내 무죄 입증을 위해 고군분투하고 있다. 그런 소식을 들으니 기쁘고 감사하다.

지난 2년의 시간들은 정말 생각하고 싶지 않다. 오직 성령님의 만지심으로 치유 받고 싶다. 그리고 새롭게 새 생명으로 다시 태어나 새로운 인생을 살고 싶다. 앞으로 나의 현실적인 문제들도 주님께서 인도해 주실 줄 믿는다. 그러기에 세상의 그 무엇에도 이젠 미련이 없다.

지난날의 내 삶도(그것이 성공이든, 실패든, 불행이든, 행복이든) 한낱 과거일 뿐이다. 한 가지 내 마음에 소원이 있다면 이 죄인을 하나님께서 버리지 말아 주시는 것뿐이다.

2015년 3월 6일

　　　　　오늘도 여섯 분의 목사님과 사모님들이 구치소를 방문해 주셨다. 강명숙 사모님께서는 한국 음식을 정성껏 준비해서 가지고 오셨다. 어떻게 이 은혜를 갚아야 할지 모르겠다. 그리고는 기도해 주시고 위로해 주시고 가셨다.

　다음 재판은 18일이다. 18일 재판에서 변호사는 보석을 신청한다고 한다. 지금 상황에서 석방될 수 있는 길은 보석 석방뿐이다. 물론 담당 검사는 보석 불가를 고수할 것이다. 이유는 이 사건 당사자가 붙잡히지 않았기 때문이다. 나에게 모든 죄를 뒤집어 씌워진 상태에서 이 사건 당사자가 붙잡히지 않는 한 나를 풀려날 수가 없다. 어떻게 변호사가 대응해 나갈지 알 수는 없지만, 지금으로써는 지켜보면서 기다릴 수밖에 없다. 아무튼, 변호사가 최선을 다하고 있으니 좋은 일이 일어났으면 좋겠다.

　모든 것을 주님께 맡기고 기도하자. 답답하고 초조하지만 비우고 비우자. 미움과 분노는 계속 일어나지만, 분노를 다스리고 화를 다스리자.

　사실 이 사건을 빨리 해결하고 나를 석방시켜야 할 장본인은 연락도 안 되고 전화도 안 받는다. 분노가 머리끝까지 치밀어 오른다. 나를 자기 대신 볼모로 감옥에 집어넣고 이 사람은 도망만 다니고 있다. 구치소에 들어가는 생활비도 안 주고 나를 방치하고 있다. 모르는 사람도 감옥에 들어가 있는 나를 석방시키기 위해서 구명 활동을 하고 있는데….

지금 나는 하나님 앞에 잘못 살아온 죗값으로 하나님 앞에서 다루심을 받고 있지만 이 사람 역시 반드시 하나님 앞에 그 책임을 심판받을 것이다. 단, 이 사람에 대한 다루심은 내가 하는 것이 아니라 반드시 하나님께서 하실 것이다.

그래도 석방대책위원 선교사님들이 아니었더라면 나는 아마 구치소에서 더욱 비참한 생활을 하고 있을 것이다. 사랑받을 자격도 없고, 부족하고 연약한 나에게 선교사님들은 사랑을 부어 주고 계신다. 그래서 나는 영적으로, 육적으로 회복되고 있다. 건강도 많이 좋아졌다. 빨리 마음을 정리하고 평안을 유지하자.

2015년 3월 10일

나는 이곳 필리핀 감옥에서 죄수복을 입고 손에 수갑을 차고 교도관들에 이끌리어 이리저리 끌려다녔다. 이곳에서는 내가 앉고 싶다고 앉고, 서고 싶다고 설 수 없다. 감옥에서는 내가 하고 싶다고 할 수 없다. 감옥에서는 감옥 마음대로 해야 한다.

정의롭지 못한 일을 해도 따라줘야 하고, 교도관들 마음대로 해도 따라줘야 한다. 밖에서 입던 옷도 입을 수 없다. 감옥에서 지정해 준 옷을 입어야 한다. 그것이 죄인들이 입는 죄수복이다.

또한, 나는 이 감옥에서 수치와 핍박, 이용을 당해야 했고, 따돌림, 폭력, 부끄러움을 당해야 했다. 처음에는 견딜 수 없이 괴로웠다.

그러나 깨닫고 보니 감사하다. 나는 지금 이 필리핀 감옥에서 하나님 앞에 불순종하며 살아온 지난 나의 모습을 보고 있다. 내가 감옥에 들어오지 않았더라면 볼 수도 없었고, 깨닫지도 못했을 것이다. 그래도 살아서 회개할 수 있어 감사하다. 나는 지금까지 세상 공중 권세를 잡은 어두움의 영에 이끌리어 세상의 영의 수갑을 차고 세상이 주는 옷을 입고 세상이 하라는 대로 따라 하며 살아오지 않았는가. 56년을 살아오면서 수치도 모르고 부끄러움도 모른 채 살아오지 않았는가.

주님은 내게 말씀하신다. "내가 도둑같이 오리니 누구든지 깨어 자기 옷을 지켜 벌거벗고 다니지 아니하며 자기의 부끄러움을 보이지 아니하는 자는 복이 있다."라고. 하나님이 지어 주신 의의 옷, 그리스도의 옷, 믿음의 옷, 생명의 옷을 그동안 나는 벗어버렸다. 나는 그 옷을 지키지 못하고 살아왔다. 부끄러움도 모르고 벌거벗은 줄도 모르고 잘난 체하며 살아왔다. 내가 감옥에 들어오지 않았더라면 알지도 못했을 것이고, 깨닫지도 못했을 것이다. 귀중

하고 소중한 하늘의 복을 깨닫게 해 주시고, 알게 해 주시고, 보게 해주신 하나님께 감사드린다. 주님 오시는 그 날까지 하늘의 옷으로 덧입어 주님 오심을 맞이하길 소망해 본다. 주님과 함께 영원한 나라, 천국에 들어갈 수 있기를 간절히 기도한다.

2015년 3월 10일

오늘은 한국에서 오신 목사님과 홍양순 선교사님 그리고 또 다른 선교사님, 총 세 분이서 구치소를 방문해 주셨다. 한국에서 오신 목사님은 제 석방 비용으로 상당 금액을 헌금해 주신 목사님이시다. 감사하고 고마울 따름이다.

작년 10월에 홍 선교사님께서 구치소에 오셨을 때, 한국의 어느 교회 목사님께서 안타까운 내 사정을 들으시고 파송한 선교사님을 통해 상당 금액을 헌금해 주셨다는 말씀을 했다. 그런데 오늘 일부러 나를 찾아오셨다. 하나님은 이렇게 한국에서 또는 필리핀에서 많은 목사님을 통하여 사랑을 베풀어 주시고 계신다. 얼마나 감사한지 모르겠다.

하나님께서는 어리석고 부족한 나를 불쌍히 여겨 주셔서 많은 목사님을 통하여 위로해 주시고, 힘 주시고 계신다. 특히 홍양순 선교사님께 감사드린다.

이제 18일에 재판을 한다. 판사가 내 무죄를 받아드리면 보석 결정이 나올 것이다. 심장이 타들어 가는 심정으로 기도하지만, 이것 역시 주님께서 하시는 일이다.

2015년 3월 15일

2013년 4월 15일, 하나님께서는 나를 이곳 필리핀 감옥이란 훈련소에 입소시켜 주셨다. 이 훈련소는 죽음의 훈련소라 정평이 나 있다. 나는 이곳 훈련소에서 2년째 강한 훈련을 받고 있다.

하나님께서 말씀하셨다. '이 훈련이 끝나야 이 훈련소에서 나갈 수 있다'고. 그런데 훈련이 언제 끝날지 나는 모른다. 오직 하나님만 아신다. 언제쯤 이 훈련이 끝날 것 같으냐고 하나님께 여쭈어 봐도, 대답이 없으시다.

처음에는 이 훈련을 받지 못해 죽는 줄 알았다. 그러나 차츰 시간이 지나면서 주님의 훈련 방법에 순종하는 법을 배우고 있다. 인간의 그 어떤 방법이나 노력도 소용없음을 경험하고 있다. 이 훈련소에서 불순종 역시 훈련 기간만 더하게 할 뿐 아무 소용없다는 것도 깨닫고 있다. 무조건 하나님 훈련 방법에 감사로 순종하는 방법밖에 없다. 그래서 죽든지 살든지 모든 것을 하나님께 맡기는 훈련을 받고 있다. 그래서 오늘도 주님께 회개하며 하루를 보내고 있다.

그래서인지, 나에게서 불순물들이 조금씩 빠지기 시작함을 느낀다. 아울러 내가 짊어지고 있던 세상 것들도 하나씩 하나씩 내려놓기 시작했다.

이 지옥 훈련이 2년이 되었다. 언제 훈련이 끝날지 알 수 없지만, 훈련이 끝나는 그 날까지 감사와 순종으로 이 훈련을 잘 받아내야겠다. 그래서 다시 주님 앞에 서는 날, 나의 믿음이 더욱 성숙해지길 소망해 본다. 이를 위해 지극히 거룩한 믿음 위에 나 자신을 더욱 굳건히 세워나가야겠다.

2015년 3월 18일

오늘 재판을 다녀왔다. 심장이 타들어 가는 심정으로 간절히 기도해왔다. 그러나 기대했던 일은 일어나지 않았다. 좋은 소식이 없다. 아직 오리무중이다.

마음이 무너지는 일을 많이 겪어 와서 그런지 오늘은 담담히 받아들일 수 있었다. 내 석방은 오직 하나님만 하실 수 있기에 잠잠히 기다리는 수밖에 없다.

오늘도 홍양순 선교사님을 비롯하여 네 분의 선교사님들이 참석해 주셨다. 내 석방을 위해 변호사도 노력 중이고, 목사님들도 수고를 아끼지 않으시니 조급한 마음을 벗어 버리기 위해 더 노력해야겠다. 평정을 찾아야겠다.

2년을 견디어 왔는데 몇 개월 못 견딜 것도 없다. 홍양순 선교사님도 작년 8월부터 지금까지 내 석방을 위해 바쁜 사역 속에서도 노력을 아끼지 않으셨는데, 오늘 보니 많이 지쳐 있는 모습이다. 참으로 미안하고 송구스럽다. 나 때문에 다들 이렇게 생고생을 하고 있다.

한편으론 걱정도 된다. 모두들 지쳐서 손을 놔 버리면 어떻게 하나 싶다. 그래도 기다리자. 주님께서 석방시켜 주실 때까지 좀 더 기다리자. 더 좋은 것으로 주시기 위해 준비하시고 계시기 때문에 좀 더 시간이 걸리는 것이겠지….

♩ 2015년 3월 20일 _ _ _ _ _ _ 엥겔레스 구치소에서 드리는 고백

주님은 나를 위해 목숨까지 주셨는데
나는 주님을 위해 무엇을 드렸나….
주님은 나를 위해 생명까지 주셨는데
나는 주님을 위해 무엇을 드렸나….
주님은 나를 위해 용서까지 하셨는데
나는 주님을 위해 누구를 용서하고 있는가….
주님은 나를 위해 모진 고통을 당하셨는데
나는 주님을 위해 무슨 고통 받았나….
주님은 나를 위해 물과 피 쏟으셨는데
나는 주님을 위해 땀방울이라도 쏟아 보았나….
주님은 나를 위해 사랑까지 주셨는데
나는 주님을 위해 누구를 사랑했나….

주님!
저는 죄인입니다.
죄인 중의 죄인입니다.
입술로 지은 죄,
손으로 지은 죄,
발로 지은 죄,

눈으로 지은 죄,

생각으로 지은 죄,

마음으로 지은 죄,

죄 위에 죄만 더할 뿐입니다.

주여!

이 죄인을 용서하사

긍휼의 은혜를 부어 주옵소서.

생명 길 따라 생명의 꽃 피게 하옵시고

영생 길 따라 부활의 열매 맺게 하옵소서.

> 우리가 마음에 뿌림을 받아 양심의 악을 깨닫고 몸을 맑은 물로 씻었으니 참 마음과 온전한 믿음으로 하나님께 나아가자
> (히10:22)

2015년 3월 21일

다음 재판은 4월 29일. 약 40일 남았다. 변호사가 어떤 방향으로 가고 있는지 알 수는 없지만, 증거불충분 석방이든, 보석 석방이든 상관없다. 어쨌든 석방만 되면 된다.

분명한 것은 내가 석방될 수 있다는 것이다. 희망이 보이기 때문에 감사하다. 40일 뒤 나는 석방될 것을 바라본다. 이 일은 하나님께서 하시니 하나님의 행하심을 바라볼 뿐이다.

3월 18일 재판에서는 아무 일도 안 일어났지만, 4월 29일에는 좋은 일이 일어날 것을 믿는다. 내 석방대책위원 목사님들께 감사하다. 그리고 미안하다.

"주님, 이분들이 지치지 않도록 영혼육을 붙잡아 주옵소서. 이분들에 사역과 가정 위에 성령의 기름을 부어 주시어서 날마다 주님 영광이 드러나는 사역이 이루어지도록 인도하여 주옵소서. 이분들을 축복하여 주옵소서."

2015년 4월 3일

오늘은 박원철 선교사님께서 구치소를 다녀가셨다. 박원철 선교사님은 내 석방대책위원이시다. 홍양순 선교사님과 함께 최일선에서 나를 돕고 계신다.

참 고마운 분들이다. 좋은 소식을 가져왔나 했는데 좋은 소식이 없다. 가슴이 답답해 온다. 한 치 앞도 알 수 없는 안개가 낀 것과도 같은 상황이다. 하나님의 뜻은 어디에 있는 것일까? 하나님은 언제까지 나를 이 감옥에 놔두실 것인가? 하나님은 언제 나를 석방시켜 주실 것인가. 다시 답답하고 괴롭다.

분노가 다시 치밀어 오른다. 끊임없이 올라오는 분노와 싸우며, 2년을 견디어 왔다. 오늘 또다시 솟구쳐 올라오는 분노에 미치도록 괴롭다. 연약한 나의 모습이 너무나 안타깝다. 자기 집에 손님으로 잠시와 있던 나를 자기 대신 볼모로 붙잡히게 해놓고…. 2년이 넘도록 사건을 해결할 그 어떤 의지도 보이지 않고…. 이 사람은 버젓이 한국을 오가며 생활하고 있다. 내 석방 구명을 위해서 나를 도와주는 사람들과 대화도 거부한 채 정말 파렴치한 행위를 보이고 있다.

선교사라고 하기 이전에 먼저 인간이 되었으면 한다. 참으로 서글프고 서글픈 생각만 든다. 이런 자격 미달 선교사라고 하는 이 사람 때문에 목숨 바쳐 복음을 전하는 진짜 선교사님들까지 욕을 먹고 있는 것이다. 이 사람은 반드시 하나님의 심판을 받을 것이다. 어떤 형태이든지 이 사람은 하나님께서 선악 간에 판단해 주실 줄 믿는다. 빨리 안정을 찾아야겠다. 주님의 평안을 구해야겠다. 절망과 분노의 늪에서 빨리 벗어나야겠다.

2015년 4월 16일

내 인생이 항상 캄캄한 밤일 수만은 없다. 아침은 반드시 오게 되어 있다. 상처 입은 나의 마음도 반드시 치유될 것이다. 나의 아픈 몸도 시간이 지나면 반드시 치유가 될 것이다. 지금 이 감옥 생활이 고난과 고통의 시간이지만, 내 인생에 한 과정일 뿐이다. 내 인생에 신앙성숙의 과정이 끝나면 반드시 웃는 날이 올 것이다.

내 인생에 바쁜 걸음을 잠시 멈추게 하시고, 나에게 쉼을 주신 하나님의 은혜에 감사드린다. 그 은혜를 누릴 수 있어서 감사하고, 새롭게 하나님을 만날 수 있어서 감사하고, 세상 것을 버리고 하늘의 신령한 것 깨달을 수 있어서 감사하다.

내 자아를 볼 수 있어서 감사하고, 오만과 교만함을 벗을 수 있어서 감사하고, 세상 것을 부여잡고 허둥대며 살아온 내 모습을 볼 수 있어서 감사하다. 이런 내 모습을 벗어 버릴 수 있는 은혜를 주셔서 감사하다.

내가 지금 실패하고 절망하고 약하고 보잘것없다고 해서 좌절하거나 낙심할 필요도 없다. 모두 다 지나가는 한 과정일 뿐이다. 이 훈련이 끝나면 하나님께서는 나를 신앙 안에 온전히 세워 주실 줄 믿는다.

그러기에 오늘 나는 하나님께서 주신 이 시간에 주님께 나아간다. 오직 주님만 바라본다. 나의 모든 삶을 주님께 맡기고 믿음으로 천국 소망만을 바라보며 승리의 하루 보낸다.

2015년 4월 29일

재판에 다녀왔다. 한국 대사관 김대희 영사님께서 재판에 참석해 주시고 네 분의 목사님과 사모님 그리고 한인회 전 회장님 등 총 여섯 분이 재판에 참석해 주셨다. 그런데 담당 검사의 요청으로 5월 27일로 재판이 연기되었다. 이유도 황당했다. 3명의 현지인 증인들의 증언이 끝났는데, 3명 중 2명을 더 불러서 보충 증언을 들어야 한다는 것이다. 담당 검사가 노골적으로 시간

끌기 작전을 하고 있다. 이런 일들은 필리핀에서는 비일비재하다. 칼자루는 검사가 쥐고 있기 때문에 검사가 한 달 안에 끝낼 수 있는 일을 1년까지 끌 수 있고, 2년까지 끌 수 있고, 3년까지 끌 수 있다.

참석했던 한국 대사관 영사님께서도, 심지어 변호사까지도 검사가 노골적으로 시간을 끌고 있다는 말을 했다. 참으로 어처구니 없는 현실 앞에 그저 답답할 뿐이다. 이것이 필리핀 스타일이기 때문에 변호사도 당연히 받아드린다. 앞으로 검사가 돈을 얼마나 요구할지는 알 수 없다. 사실 필리핀의 검사, 판사, 변호사들은 한국 사람들을 돈으로 본다. 그래서 한국 사람들에게 어떻게 하든 돈을 뜯어내려고 한다.

그저 하나님께서 선하신 방법대로 인도해 주실 줄 믿고 기도할 뿐이다. 내 석방은 검사나 판사의 손에 달려 있는 것이 아니라 하나님 손에 달려 있으니…. 하나님께서 검사와 판사 마음을 움직여 주셔서 하루라도 빨리 석방이 되었으면 하는 것이 솔직한 심정이다. 마음이야 착잡하고 착잡하지만, 더 회개하고 더 훈련받으라는 하나님의 방법 아닐까? 내가 살 길은 오직 회개뿐이다.

나는 지금까지 내 인생을 살아오면서 사소하고 쓸데없는 것에 시간을 빼앗기며 살아왔다. 하나님에 대한 믿음과 신뢰 없이 입술로만 신앙생활하며 껍데기 인생을 살아왔다. 인간적인 방법을 동원하여 이 감옥에서 나가보려고 몸부림치다가 구치소 안에서 한국 사람 이종대에게 사기도 당했다. 브로커에게 속아서 돈도

날렸다. 나는 불과 2년여 만에 구치소에서 별일을 다 겪으며 지내오고 있다.

이런 일들을 겪으면서 절망과 절망 속으로 빠지게 되고 이런 절망 속에서 엎치락뒤치락하면서 자신의 방법을 하나둘씩 포기하게 되었다. 그러기에 이 모든 일 뒤에는 하나님이 계시고, 나는 하나님의 손안에 있음을 깨달을 뿐이다. 조급해하고 답답해하고 하나님 때를 기다리지 못함을 오늘도 회개한다.

2015년 5월 12일

요즘엔 글을 쓰려면 손이 떨리고 뻣뻣해진다. 몇 번 글을 쓰다가 포기하고 또 쓰다가 포기하곤 한다. 기도하면서 하나님 앞에서 회개하면서 생각나게 하는 것들을 바로바로 적어놔야 하는데, 손이 말을 듣지 않아서 시간이 지나면 잊어버리곤 한다.

요즘에 무척 힘들다. 목사가 믿음으로 견뎌야 하는데, 그 믿음마저 고갈되고 있다. 지금까지 그래도 잘 견디어 왔는데…. 앞이 보이지 않는 캄캄한 현실 앞에서 답답할 뿐이다. 인간의 한계는 어디까지일까? 숨통 막히는 답답함이 조여 오는 현실 앞에서 인간의 한계가 어디까지인지를 물어본다. 그냥 이대로 천국 갔으면 좋겠다는 생각도 해 본다. 정말이지 그냥 이대로 하나님 나라에 갔으면 좋겠다. 내가 하나님께 버림을 받았나 싶기도 하다.

그래도 말씀을 통하여 위로를 받는다. 말씀을 통해 하나님은 자비의 하나님이시요, 모든 위로의 하나님이신 것을 끝까지 믿을 수 있다. 이제 내 목숨이 붙어 있는 한 견디고 이겨내야 한다. 주님의 도우심을 구하며 탈진되어 가는 내 영혼은 주님의 빛을 기다리며 견뎌야 한다.

2015년 5월 27일

오늘은 재판에 다녀왔다. 참으로 마음이 무겁다. 한 가닥 희망을 걸고 재판을 진행해 왔는데…. 내 석방을 위해 노력해 주시는 목사님, 사모님 그리고 나도 모두 허탈하다.

오늘 보석이 기각되었다. 작년(2014년 12월 12일) 보석 석방의 기대를 걸고 변호사를 선임하여 지금까지 재판을 진행해 왔다. 그러나 결과는 참담하다. 최일선에서 나를 도와주시는 박원철 선교사님, 홍양순 선교사님도 서서히 지쳐 가는 모습을 보니 정말 어찌해야 좋을지 하늘이 무너지는 느낌이다. 앞으로 나는 어떻게 해야 하는가? 이제 내가 석방될 수 있는 길은 사건 자체를 종결짓는 것인데, 그것은 현재로써는 불가능하다. 내가 이 사건의 당사자도 아니고…. 사건에 대해서 나는 아무것도 모른다. 그리고 사건을 해결하기 위해서는 돈이 필요한데 내겐 돈도 없다.

'정말 이곳에서 무기징역을 살아야 하나?'

이런 절망감에 빠지기 시작하면 이젠 헤어나가기조차 어렵다. 빨리 마음의 안정을 찾고 가다듬어야 한다.

'아…. 답답하다. 정말 어떻게 해야 하나.'

☽ 2015년 6월 1일_ _ _ _ _ _ _ 엥겔레스 구치소에서 드리는 고백

하나님께서는 나 같은 것에 관심이 있으실까.
하나님께서 정말 나를 버리신 건 아닐까.
하나님께서는 언제까지 나를 이 감옥에 있게 하실 것인가.
내가 석방되는 길은 판사 검사 손에 달려 있는 것이 아닌데….
하나님 손에 달려 있는데….
오직 하나님만 하실 수 있는데….
사람이 할 수 없는 일인데….
하나님께서 나를 불쌍히 여겨 주셨으면….
하나님께서 나에게 긍휼을 베풀어 주셨으면….

이 감옥에서 정말 나가고 싶다.
이 감옥에서 정말 나가고 싶다.
하나님의 손길이 나에게 미치길….
하나님의 도우심이 나에게 미치길….
주님의 기적이 일어나길….

여호와여 어찌하여 멀리 서시며 어찌하여 환난 때에 숨으시나이까
(시10:1)

♩ 2015년 6월 20일 _ _ _ _ _ 엥겔레스 구치소에서 드리는 고백

나는 가끔씩 후회한다.
그때 그 일이 소중한 일이었을지 모르는데….
나는 가끔씩 후회한다.
그때 그 사람이 소중한 사람이었을지 모르는데….
나는 가끔씩 후회한다.
그때 그 시간이 소중한 시간이었을지 모르는데….
나는 가끔씩 후회한다.
더 열심히 품어주고
더 열심히 손 내밀고
더 열심히 귀 기울이고
더 열심히 사랑할걸….
나는 가끔씩 후회한다.
순간순간마다 귀하고 소중한 것,
그리고 세상의 모든 것들을 품지 못했음을….
나는 가끔씩 후회한다.
그렇게 나는 가끔씩 후회한다.

2015년 7월 15일

오늘은 한국의 CTS 기독교 방송국에서 구치소로 취재를 나와서 인터뷰를 했다. 구치소에서는 촬영이나 녹음이 안 된다. 나를 취재 나온 분은 필리핀 특파원 윤여일 PD다. 그런데 교도관들이 지켜보고 있는 데에서도 휴대폰으로 녹음도 하고 촬영도 했다. 역시 방송국 PD는 달라도 다른 것 같다. 윤여일 PD를 포함하여 총 여섯 분의 목사님들이 참석해 주셨다. 참으로 고맙고 감사하다.

모두들 나를 석방시키기 위해 여러 방법으로 힘써주고 계신다. 인터뷰 허가를 받는 것도 잘 안 해줘서 구치소 상급기관(한국으로 말하면 법무부 같은 곳)에 가서 허가를 받았다고 한다. 석방대책위원 목사님들과 여러 선교사님이 내 구명운동을 위해서 애쓰고 계신다. 또 여러 군데에서 내 석방을 위해 기도해 주시고 힘써 주신다. 이런 말을 들을 때마다 나는 위로를 받고 힘이 솟아오른다. 그러면서도 모든 분에게 정말 죄송하고 미안하다.

나야 하나님 앞에 잘못한 것이 많아 그 대가로 감옥에 들어와 있지만 나 때문에 생고생하시는 목사님과 사모님들, 수많은 선교사님께 정말 죄송하고 면목이 없다. 어찌하든 하나님께서 나를 불쌍히 여겨 주셔서 석방의 길을 열어 줬으면 하는 마음뿐이다. 조금만 더 참고 견디어 보자. 멀지 않아 좋은 소식이 오겠지.

2015년 7월 31일

오늘은 여섯 분의 목사님들께서 구치소를 방문해 주셨다. 그중 한 분은 한국에서 오신 세미나 강사 목사님이라고 한다. 선교사 세미나에 초청받아 오셔서 세미나를 인도하시고 한국으로 출발하기 전, 일부러 시간을 내셔서 구치소를 방문해 주셨다. 그리고 기도해 주시고 위로해 주셨다.

억울하게 누명을 쓰고 2년이 넘도록 감옥에 있는 나의 이야기를 들으시고 세미나 끝나고 성금도 모금해 주셨다고 한다. 그리고 필리핀의 수많은 선교사님과 사모님들께서 나를 위해 눈물의 기도를 해 주신다고 말씀하신다. 참으로 감사하고 고마울 따름이다. 사랑받을 자격도 없는 이 죄인에게 주님은 감당할 수 없는 사랑을 쏟아부어 주고 계신다.

한국과 필리핀의 모든 목사님께 감사하고 석방대책위원 목사님들께 감사하고 모든 선교사님, 사모님들께 감사드린다.

♩ 2015년 8월 28일_ _ _ _ _ _ 엥겔레스 구치소에서 드리는 고백

나무는 뿌리에서 영양분을 공급해 주지 않으면
꽃도 피울 수 없고
열매도 맺을 수 없고
향기도 낼 수 없다.

그런데
나는 왜 그렇게 잘난 체하며 살아왔을까.
나는 왜 그렇게 교만했을까
나는 왜 그렇게 이기적이었을까.
나는 왜 그렇게 혈기를 부렸을까.
나는 왜 그렇게 사랑이 없었을까.

지금까지 나는 생명의 은혜를 공급받지 않았더라면
살 수 없었을 텐데….
지금까지 내가 사랑의 은혜를 공급받지 않았더라면
이렇게 살 수 없었을 텐데….
지금까지 긍휼의 은혜를 공급받지 않았더라면
이렇게 살 수 없었을 텐데….

주님!

이 죄인을 용서하여 주옵시고

불쌍히 여겨 주옵소서.

십자가 사랑으로 인도하여 주옵소서.

사랑의 꽃, 생명의 열매, 부활의 향기가 피어나게 하옵소서.

> 만일 우리가 우리 죄를 자백하면 저는 미쁘시고 의로우사 우리 죄를 사하시며 모든 불의에서 우리를 깨끗케 하실 것이요 (요일1:9)

♩ 2015년 9월 13일 _ _ _ _ _ _ 엥겔레스 구치소에서 드리는 고백

내 생각이 옳은 것 같지만 옳지 않네.

내 말이 옳은 것 같지만 옳지 않네.

내 행동이 옳은 것 같지만 옳지 않네.

세상은 자꾸만 자꾸만

내 생각이 옳고

내 말이 옳고

내 행동이 옳다고 속삭이네.

나는 세상 권세에 속아 교만의 앞잡이가 되었고

나는 어두움의 영에 속아 거짓의 앞잡이가 되었네.

겸손히

겸손히

더 겸손히 지성소를 향하여….

겸손히

겸손히

더 겸손히 은혜만 구할 뿐이네.

고난 속에서 주님의 음성을 듣고
한 치 앞도 볼 수 없는 어둠 속에서 주님의 음성을 듣고
깊은 절망 속에서 주님의 음성을 듣길 원하네.
정말 어찌할 수 없는 인간의 무력함 속에서
주님의 음성을 듣길 원하네.
오직 주님께 매달리는 것,
오직 주님의 은혜만 구하는 것,
이 길만이 살길이네.

옳은 것은 오직 그리스도 안에 있는 것….
옳은 것은 오직 예수 그리스도!

> 하나님의 사랑이 우리에게 이렇게 나타난 바 되었으니 하나님이 자기의 독생자를 세상에 보내심은 저로 말미암아 우리를 살리려 하심이니라 (요일4:9)

♪ 2015년 9월 16일 _ _ _ _ _ 엥겔레스 구치소에서 드리는 고백

담장 넘어 나무들이 나를 오라 손짓하네.
그러나 나는 갈 수가 없네.
구치소 담장이 너무 높아서….
담장 넘어 나무들이 나를 오라 부르네.
그러나 나는 갈 수가 없네.
구치소 담장이 너무 높아서….

언제 너에게 달려가 입 맞출까.
언제 너에게 달려가 손잡아 줄까.
언제 너에게 달려가 보듬어 줄까.
아직 기약이 없구나….

구치소 담장이 허물어지는 날,
나는 너에게 달려갈 것이다.
영원히 꺼지지 않는
저 빛을 가슴에 안고….

구치소 담장이 허물어지는 날,
나는 너에게 달려갈 것이다.

영원히 살아 있는 저 생명과 함께
나는 너에게 달려갈 것이다.

> 내 사랑 너는 어여쁘고도 어여쁘다 너울 속에 있는 네 눈이 비둘기 같고 네 머리털은 길르앗산 기슭에 누운 무리 염소 같구나 (아가4:1)

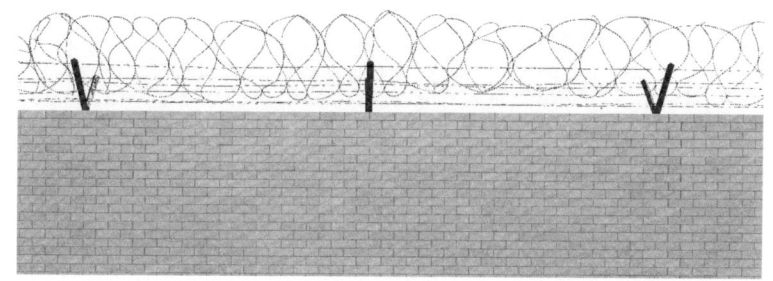

📎 2015년 9월 25일

　　오늘은 필리핀 경찰청장, 법무부 장관, NBI 국장 등 세 사람에게 편지를 썼다. 한국 대사관의 공증을 거쳐 그들에게 전달될 것이다. 나는 이 편지를 쓰면서 정말 간절히 기도했다. 이 편지들이 보잘것없지만…. 나의 억울함을 호소하며 썼다. 선처를 호소하는 보잘것없는 내용이지만, 그래도 내 석방은 오직 하나님 손에 달려 있기 때문에 하나님께 힘겹게 매달리며 편지를 썼다.

　　다윗이 던진 돌은 하찮은 물맷돌이다. 물맷돌은 보잘것없는 돌멩이다. 그러나 하나님께서 보잘것없는 물맷돌을 사용하셨다. 이 편지들이 물맷돌이 되길 기도했다. 하나님께서 이 편지들을 사용해 달라고 간절히 기도했다. 필사적인 몸부림이다.

　　이 편지들을 하나님께서 사용하시면 검사, 판사가 마음을 움직일 것이다. 그러면 하나님의 이름이 드러날 것이고, 하나님께서 영광을 받으실 것이다. 반드시 그렇게 될 것을 믿고 기도한다. 내 석방은 판사, 검사 손에 달려 있는 것이 아니라 오직 하나님 손에 달려 있기 때문이다.

2015년 9월 30일

오늘 재판에서 역시 아무 진전이 없었다. 상황은 막막할 뿐이다. 허물어지는 마음을 추스르고 빨리 안정을 찾아야 한다. 오늘은 박원철 목사님과 강명숙 사모님께서 재판정에 나오셨다.

이렇게 밖에서 석방대책위원 목사님들이 신경을 써주시고 관심을 가져 주시니 감사하다. 사실 재판정에 참석해 주시는 것만으로도 힘이 되고 위로가 된다.

어찌 되었든 이 일은 오직 하나님께서 하셔야 한다. 내가 할 수 있는 것은 아무것도 없음을 다시 깨닫는다. 내가 할 수 있는 것은 그냥 하루하루 기다리는 것뿐이다.

오늘은 박원철 목사님께 편지를 전달했다. 경찰청장, 법무부 장관, NBI 국장에게 쓴 편지를 박 목사님께서 번역해서 대사관 공증을 거쳐 그들에게 전달할 것이다. 참으로 여러모로 고생을 하신다. 정말 미안하고 감사하다. 강명숙 사모님은 오실 때마다 한국 음식을 정성껏 마련해서 구치소로 가져오신다. 그날은 한국 음식을 배불리 먹는 날이다.

마음이야 답답하고 막막하지만 그래도 주님의 은혜를 사모하며 기다려 보자. 내가 하나님을 믿는다면 어떠한 상황에서라도 하나님을 신뢰해야겠지. 내가 주님을 믿는다면 지금 나를 석방시켜 주지 않아도 석방시켜 주실 것을 믿고 기다려야겠지. 나에게 인내의 훈련이 조금 더 필요하기에 지금 석방시켜 주시지 않는 것일 테니까. 2년 6개월을 견디어 왔으니 못 견딜 것도 없다.

조급한 마음 버리고 오직 주님만 바라보며 오늘도 견디자. 좋은 날이 오겠지. 웃는 날이 오겠지.

♪ 2015년 10월 8일 _ _ _ _ _ 엥겔레스 구치소에서 드리는 고백

나는 지금 한 나무를 바라보고 있다.
그 나무는 잎사귀마저 없는 앙상한 가지에
희망마저 없고 소망도 없고 볼품도 없고
전혀 생기도 없다.
에스겔서에 나오는 골짜기 마른 뼈와 같이
다시 살아날 가망도 없는 것 같다.
그 나무는 바로 내 인생의 나무다.
여기저기 죄로 얼룩진 모습,
여기저기 상하고 터지고 찢어진 모습뿐이다.

이 나무는 56년간 자랐다.
그런데 56년간 열매 맺은 흔적이 없다.
그러니 하나님 앞에 두렵고 떨림으로 서 있을 뿐이다.
아마 이 나무는 지금 감옥에서
열매 맺는 훈련을 하고 있는 것 같다.
새 생명으로 다시 태어나 생명의 열매를 맺기 위하여
쇄신의 과정을 겪고 있는 것 같다.
쇄신의 과정은 참 고통스럽다.

그러나

이 과정 없이는 새로운 생명으로 다시 태어나지 못한다.

그래서 인내와 순종의 시간을 보내고 있는 것 같다.

꺼져가는 등불도 끄지 않으시는 하나님께서

분명 성령의 영양분을 공급해 주실 것이다.

상한 갈대도 꺾지 않으시는 하나님께서

분명 은혜의 영양분을 공급해 주실 것이다.

나는 이 소망 없는 나무가

다시 살아날 것을 믿는다.

어두움을 뚫고 다가오는 저 빛을 온몸으로 받으며

나무는 다시 살아날 것이다.

> 상한 갈대를 꺾지 아니하며 꺼져가는 등불을 끄지 아니하고 진리로 공의를 베풀 것이며 (사42:3)

☽ 2015년 10월 10일_ _ _ _ _ _ 엥겔레스 구치소에서 드리는 고백

기도란 훈련이다.
내가 무엇을 요구하는 것이 아니고
하나님 주권을 인정하는 훈련이 기도다.
사람은 한 치 앞도 볼 수 없고 알 수도 없다.
극심한 환란과 고난 속에서 한 달을 지내도
그 모든 게 하나님의 주권이다.
1년을 살아도 하나님의 주권이고,
10년을 살아도 하나님의 주권이고,
30년을 살아도 하나님의 주권이고,
평생을 고난과 환란 속에서 살아도 하나님의 주권이다.

물론 그와 반대라 하더라도 하나님의 주권이다.
이 하나님의 주권을 그대로 인정하고 받아들이는 것이 기도다.
하나님의 주권을 인정하는 것,
쉬울 것 같지만, 결코 쉽지는 않다.
나는 이 필리핀 감옥에서 하나님의 주권을 인정하는 훈련을
2년 6개월째 받고 있다.

그러나 2년 6개월이 지나도 주님의 주권을 인정하지 못하는

나의 악한 마음….

교만한 마음이 끊임없이 올라오고 있다.

얼마나 더 많은 아픔과 절망과 좌절과 철저한 실패를 맛보아야

주님의 주권을 인정할 수 있을까….

나는 오늘도 답답한 심정으로

주님의 주권을 인정하며 저주의 십자가를 지신 예수님을 바라본다.

내 삶 속에서 주님의 주권을 인정하는 기도를 드려 본다.

> 무지한 말로 이치를 가리우는 자가 누구니이까 내가 스스로 깨달을 수 없는 일을 말하였고 스스로 알 수 없고 헤아리기 어려운 일을 말하였나이다 (욥42:3)

♩ 2015년 10월 13일_ _ _ _ _ 엥겔레스 구치소에서 드리는 고백

나는 지금 필리핀 감옥이란 강을 건너고 있다.
주님은 나에게 말씀하신다.
이 강을 건너는 것은 나에게 유익하다고….
그래서 나는 이 강을 건너고 있다.

그런데 이곳 필리핀 감옥이란 강의 물은 엄청 더럽고
물살도 엄청 세고
시야를 분별할 수 없는 혼탁한 흙탕물이다.

나는 이 감옥이란 물살에 떠밀려
죽은 사람도 지금까지 몇 명을 보았다.
물속에는 사람을 잡아먹는 무시무시한 악어도 많고
각종 악한 물고기도 많다.
악어에게 한번 물리면 살아남지 못한다.

나도 악어에게 물려 죽음의 문턱을 네 번씩 다녀오며 살아남았다.
각종 물고기에게 물려 허둥댄 적이 한두 번이 아니었다.
물살이 얼마나 센지

물살에 한 번 떠밀리기 시작하면
정신없이 떠밀려 가다 죽고 만다.
나도 물살에 정신없이 떠밀려 간 적이 한두 번이 아니었다.

이제 3분의 2쯤 건너왔다.
조금만 건너면 된다.
강을 건너오느라 초죽음이 되어 있지만,
조금만 버티면 된다.
주님은 나에게 말씀하신다.
조금만 더 버티라고….
그리고 나는 주님께 고백한다.
이 죽음의 강을 건너게 한 것은
오직 주님의 은혜라고….

그렇다.
나는 이 죽음의 강을 건널 수 없다.
내 힘으로는 도저히 건널 수가 없었다.
물살에 수십 번 떠밀려 가면서도
나는 오직 주님 이름만 불렀다.

물살에 떠밀려 정신을 잃고 헤맬 때에도
오직 나는 주님 이름만 불렀다.
주님께서 나를 붙잡아 주지 않았더라면
나는 지금 살아 있지 못할 것이다.

이제 이 강을 다 건너 한국에 돌아가면
오직 주님과 함께,
오직 주님과 함께,
이 생명 다하는 그 날까지 오직 주님과 함께···.

나의 힘이 되신 여호와여 내가 주를 사랑하나이다 (시18:1)

♪ 2015년 10월 21일 _ _ _ _ _ 엥겔레스 구치소에서 드리는 고백

태풍은 그냥 지나가는 바람일 뿐이다.
인생을 살다 보면
누구나 다 크고 작은 태풍을 만나게 된다.
태풍을 만나지 않고 살아가는 인생은 없다.
태풍은 지나가는 바람일 뿐이다.
태풍이 휩쓸고 지나간 자리는 언제나 초토화 쑥대밭이 된다.
태풍이 휩쓴 자리는 아픔과 상처뿐이다.

그러나 시간이 지나고 보면,
모두 다 주님의 은혜다.
태풍은 그냥 지나가는 바람일 뿐이다.
모든 인생사, 태풍 한두 번 안 맞아 본 사람이 어디 있겠는가.
태풍은 지나가는 바람일 뿐이다.
태풍을 맞는 그 순간에는 참으로 힘들고
죽을 것 같이 힘들지만
세월이 흘러 생각해 보면 모두 다 주님의 은혜다.
그래서 태풍은 꼭 나쁜 것만은 아니다.
새로운 생명을 잉태하고
새로운 생명을 볼 수 있는 하나님의 은혜다.

내 인생에 큰 태풍이 임했다.
그때 나는 아무것도 모르고 정신이 없는 가운데
붙잡았던 밧줄이 있었다.
지푸라기라도 잡고 싶은 심정으로….
그때는 그것이 생명의 밧줄인 줄 몰랐고
그때는 그것이 구원의 밧줄인 줄 몰랐다.
그냥 태풍 한가운데에서 막연히 붙잡았던 밧줄이었다.
그때 하나님은 나에게 세상 밧줄을 내려놓고
천국 밧줄을 붙잡는 은혜를 베풀어 주셨다.
태풍은 그냥 지나가는 바람일 뿐이다.

나는 지금 내 인생에 또 한 번 강력한 태풍을 만났다.
나는 지금 태풍의 소용돌이 속에 서 있다.
태풍이 지나가면
모든 게 초토화되고 아픔과 상처가 남겠지….

태풍은 그냥 지나가는 바람일 뿐이다.
태풍이 지나가면
나에게 있었던 배설물 같은 쓰레기들은 치워지겠지.

그리고 나는 새로운 생명으로
주님 앞에 서는 날이 오겠지.
그리고 나는
영원한 생명의 나라로
주님의 손을 꼭 붙잡고 따라가면 되겠지.

> 내가 사망의 음침한 골짜기로 다닐지라도 해를 두려워하지 않을 것은 주께서 나와 함께하심이라 주의 지팡이와 막대기가 나를 안위하시나이다 (시23:4)

♪ 2015년 11월 2일 _ _ _ _ _ 엥겔레스 구치소에서 드리는 고백

이 훈련 기간에 내 육신의 자아가 완전히 죽고
예수 그리스도의 생명으로 거듭 태어나지 않는 한,
나는 석방되기 어렵다.
하나님께 합격을 받지 않으면 안 되니까.

하나님의 합격의 때를 기다리며 인내하는 것,
이 인내를 온전히 이루는 것,
이것이 합격이 돼야
나는 석방 될 수 있다.

그 인내를 온전히 이루기 위해서는
내 자아가 완전히 죽어야 한다.
내 자아가 완전히 죽지 않고서는
완전한 인내를 이룰 수 없다.
내 자아가 죽지 않고 살아 있으면
인간의 욕심과 교만과 욕망이 끊임없이 올라오고
인간적인 생각,
인간적인 방법,
인간적인 수단,
이런 세상적 방법들을 이용할 수밖에 없다.

그러다 보면 실패에 실패를 거듭하고
절망 속에서 마음만 조급해지고
주님의 뜻을 분별할 수가 없다.

내 육체의 자아가 온전히 주님 뜻에 굴복 되는 것
어떠한 상태와 조건과 상황 속에서도
온전히 순복하는 것….
이것이 인내를 이루는 것이다.

나는 오늘도 성령님의 도우심을 구하고 있다
나 스스로 내 자아의 죽음을 이룰 수 없다
그래서 오직 성령님의 능력을 덧입어야 한다.
내 안에서 내주하시며 역사하시는
성령님의 은혜를 덧입어야 한다.

지금 내가 석방될 수 있는 길은 그 어떤 것도 없다.
세상적 방법은 모두 실패했다.
앞으로 6개월이든, 1년이든, 2년이든,
내가 하나님 앞에 합격 되어

하나님께서 석방시켜 주실 때까지
온전히 인내의 훈련을 받아야 한다.

> 내가 그리스도와 함께 십자가에 못 박혔나니 그런즉 이제는 내가 산 것이 아니요 오직 내 안에 그리스도께서 사신 것이라 이제 내가 육체 가운데 사는 것은 나를 사랑하사 나를 위하여 자기 몸을 버리신 하나님의 아들을 믿는 믿음 안에서 사는 것이라
> (갈2:20)

♪ 2015년 11월 17일 _ _ _ _ _ 엥겔레스 구치소에서 드리는 고백

나보다 더 억울한 일을 당한 사람도 많을 것이고

나보다 더 가슴 아픈 일을 당한 사람도 많을 것이고

나보다 더 고난 당한 사람도 많을 것이고

나보다 더 슬픈 일을 당한 사람도 많을 것이고

나보다 더 고통당하는 사람도 많을 것이고

나보다 더 힘든 일을 당한 사람도 많을 것인데…

그 사람들을 생각하면,

내가 이 감옥에서 당하는 어려움은 아무것도 아니지 않은가.

내가 좀 힘들다고 원망했고,

내가 좀 어렵다고 불평했으니…

주님!

이 죄인을 어찌하오리까.

주님!

나보다 더 어려움 당한 사람들 위해

기도하지 못한 것을 용서하여 주옵소서.

나보다 더 고통당하고 있는 사람들을 위해

기도할 수 있도록

은혜를 베풀어 주옵소서

그리고 내 영혼이 더욱더 주님을 사모하며
천국 소망 붙잡고 인내하며 견딜 수 있도록
은혜를 부어 주옵소서.

> 우리가 아직 죄인 되었을 때에 그리스도께서 우리를 위하여 죽으심으로 하나님께서 우리에게 대한 자기의 사랑을 확증하셨느니라 (롬5:8)

2015년 12월 3일

오늘은 박원철 목사님께서 구치소를 다녀가셨다. 박원철 목사님은 내 석방대책위원 목사님이시다. 1년이 넘도록 내 석방을 위해 노력과 헌신을 해 오고 계신다.

내 석방대책위원 목사님들이 여러 각도로 방법을 찾아보고 있지만, 시간은 속절없이 흘러가고 뾰족한 방법은 없다. 아무런 결과 없이 답답할 뿐이다

목사님들은 자꾸만 지쳐 가고 있고 구치소 안에 있는 나도 자꾸만 지쳐 가고 있다. 내 석방대책위원 목사님들도 마음이 무겁고 나 역시 실망과 절망감이 앞선다. 그래도 밖에서 어떻게 하든 방법을 찾아보고 있다고 하니 기다릴 수밖에 없다.

올해 안에 석방시켜 주실 것을 믿으면서, 무너지는 가슴 부여잡고 간절히 주님께 매달린다. 이제 벌써 12월로 접어들었다. 박 선교사님도 답답한지 할 말을 잃은 듯하다. 우린 서로 얼굴을 쳐다보며 할 말을 잃고 있었다.

언제 석방될 것인지 윤곽도 없고, 방법도 없고, 희망이라고는 보이지 않는다. 그런 현실 앞에 또다시 절망의 파도가 밀려온다. 절망의 파도가 내 영혼을 덮어 버린다. 어떻게 하든 견디고 버티어 내야 하는데 참으로 힘들다.

지금 나는 무엇을 어떻게 해야 하는가. 그러나 나는 지금 아무것도 할 수 없다. 변호사를 만나서 돌아가는 상황을 듣고 싶지만, 그것도 여의치 않다. 누가 속 시원하게 돌아가는 상황을 이야기라도 해 줬으면 좋겠다.

이 절망감에서 빨리 벗어나야 한다. 주님의 평안이 임해야 하는데…. 주님의 은혜가 임해야 하는데….

'주님, 저에게 힘을 주옵소서. 주님, 저를 붙들어 주옵소서 주님 저를 불쌍히 여겨 주옵소서.'

♪ 2015년 12월 15일 _ _ _ _ _ 엥겔레스 구치소에서 드리는 기도

나는 하나님의 말씀에 불순종해 이곳에 왔다.
나에게 임한 이 엄청난 고난은 변명의 여지 없이
하나님 말씀에 불순종한 내 잘못에 따른 것이다.
나는 이곳 필리핀 감옥에 들어와서
비로소 내 생명을 살려 주신 하나님께 감사하며
그동안 하나님 앞에 불순종하며 살아온 지난날들을
회개하며 지내고 있다.

나에게 있어서 이 감옥은 스올의 배 속이며
산의 뿌리까지 내려간 절망 그 자체다.
이곳은 내 영혼을 파멸시키는 어두움의 영이 꽉 찬 곳이다.
나는 이곳에서 나 자신이 살아 있음을 알았고
하나님께서 내 생명을 구원해 주셨음을 알았다.
하나님께서는 이미 큰 물고기를 예비하사
요나를 구원해 주신 것 같이
나에게도 이미 큰 감옥을 예비하사
내 생명을 구원해 주셨다.

하나님께서 큰 물고기를 예비해 주시지 않으셨더라면

아마 요나는 바다에서 그대로 죽었을 것이다.

나 역시 하나님께서 큰 감옥을 예비해 주시지 않으셨더라면

나는 아마 내 생명과 내 영혼은 파멸 당했을 것이다.

그러므로

요나에게 있어서 물고기 배 속은 고난의 장소가 아닌

축복의 장소요, 은혜의 장소다.

나에게 있어서 역시 이 감옥은 고난의 장소가 아닌

축복의 장소요, 은혜의 장소다.

하나님의 긍휼하시고 자비로우신 사랑의 손길이

요나에게 임하신 것같이

나에게도 임하실 줄 믿는다.

또한, 물고기에게 명령하여 요나를 바다에 토해 내지 않고

육지에 토해 내게 하신 것은 분명 주님의 사랑이다.

하나님께서 바다에 그대로 토해 내게 하셨다면

요나는 아마 그대로 바다에서 헤어 나오지 못하고

빠져 죽었을 것이다.

요나 스스로 헤엄쳐 육지로 나올 수 없기 때문이다.

하나님께서 요나에게 허락한 시간은 3일이다.

3일을 온전히 물고기 배 속에서 있어야 나올 수 있었던 것처럼

하나님께서 나에게 허락된 기간이 있을 것이다.

나는 알 수 없지만

그 기간을 온전히 채워야 나는 이 감옥에서 나갈 수 있다.

이제 3년이 다 되어 간다.

어쩌면 하나님께서 나에게 허락된 시간이

3년일 수도 있다.

내가 석방되는 날,

그날이 하나님이 나에게 허락하신 기간이 끝나는 날이다.

나는 석방되는 그 날까지 잠잠히 인내하며 기다릴 것이다.

조금만 참으면 된다.

2015년 12월 24일

오늘은 크리스마스이브다. 내가 감옥에 들어와서 세 번째 맞이하는 크리스마스다. 참 마음이 무겁다. 오늘부터 일주일 동안 아침부터 저녁까지 구치소 안은 온통 시끄럽다. 이것이 필리핀 문화라고 한다. 온 가족이 음식을 싸 가지고 오고 요리할 재료를 싸 가지고 와서 구치소에서 음식을 해 먹고 놀다 간다. 하룻밤 또는 이틀 밤을 자고 가기도 한다. 필리핀 구치소의 경우, 여자들이 감방 안에 들어와서 잠도 잘 수 있고, 놀다 갈 수도 있다. 구치소 앞마당에는 노래 부를 수 있는 대형 노래방 시설이 있고, 각 감방 안에도 노래방 시설이 되어 있어서 이들에게는 더없는 즐거운 공간이다.

오늘은 아침부터 면회객들이 밀려온다. 4~6명이 6명씩 함께 온다. 정확히 말하면 면회 오는 것이 아니라, 노래 부르고 놀고 잠자기 위해서 찾아오는 것이다. 시끄러워도 보통 시끄러운 것이 아니다. 30명이 정원인 감방 안에 120명씩 쑤셔 집어넣고 그 공간에서 여자들이 면회 와서 함께 잠을 자고 낮에도 커튼을 친 채 섹스를 하고…. 정말 요지경 세상이다. 이것이 필리핀 문화라니…. 50~60도 올라가는 감방 안에 숨 쉬기조차 어려운 숨통 막히는 더위…. 꽉 들어찬 사람들 속에서 노래 부르고 춤추고 노는 이 모습은 두

말할 필요 없이 살아 있는 지옥이다. 이들에게는 즐겁고 재미있는 장소지만, 나는 지금 살아서 지옥을 보고 있다.

이런 환경 속에서 견딜 수 있었던 것은 전적인 하나님의 은혜다. 내 몸과 영혼을 파멸시키는 외부적 요인 환경들… 이들의 문화 속에서 심한 영적 싸움을 해야 한다. 그러나 끊임없이 올라오는 부정적 생각과 내 영혼을 파멸시키는 요인들이 어느새 나를 휘감아 버린다. 이런 환경 속에서 참으로 힘든 영적 싸움을 하며 견디어 오고 있다.

나는 한국에서 목회를 할 때에는 오늘같이 연말이나 명절 때, 형식적인 교회 행사를 치르면서 많이 외로워했다. 외롭게 목회한다고 생각을 했다. 그러나 지금은 그런 것들이 아무 소용없다는 것을 깨닫게 되었다. 그만큼 나는 세상적 가치에 비중을 두고 살아왔다는 것이다.

오늘도 하나님 앞에 회개하며 은혜 베풀어 주시는 하나님께 감사한다. 2016년도에는 나를 구원해 주신 주님의 은혜가 날마다 넘쳐 영적 싸움에서도 승리하고, 육적인 질병에서도 승리하고, 평안과 감사로 이 훈련 잘 받길 소망한다. 2016년도에는 석방의 기쁨을 맛볼 수 있기를 간절히 소망한다.

☽ 2015년 12월 31일 _ _ _ _ _ 엥겔레스 구치소에서 드리는 고백

이제 10시간만 지나면 2016년 새해가 밝아 온다.
믿음으로 바라보며 간절히 기도한다.
3년 동안 감옥에 있으면서
어떤 것들을 훈련받았으며
어떤 것들이 정리되고
어떤 것들이 다듬어지고
어떤 것들이 쇄신되었는지를
생각해 본다.

그런데 이 엄청난 훈련을 받으면서
내가 변화된 것은 별로 없는 것 같다.
한 가지 분명한 것은 3년 동안 견디었다는 것이다.
이건 분명 주님의 은혜요, 기적이다.
흑암이 깊을수록 빛은 더 강한 것처럼,
나는 이 흑암의 감옥에서 은혜와 기적을 체험하고 있다.

한 가지 깨달은 사실은
인간은 하나님 앞에 먼지와 같은 존재라는 것이다.
그동안 목회를 하면서

기도하고 믿음으로 행하면 하나님 뜻에 동참한다고 생각했다.

그런데 그게 아니었다.

지금 감옥에서 깨닫고 보니 틀렸다.

하나님과 상관없는 내 의로 기도하고

내 의로 행하고 내 의로 열심을 내었다.

그것이 믿음이라고 생각해 왔으니

참으로 어리석기 짝이 없다.

이제야 인간은 하나님 앞에 아무 쓸모 없다는 것을 깨달았다.

하나님께서 사용하실 수 있도록,

하나님께서 쓰실 수 있도록,

겸손히 주님께 나 자신을 내어 드리는 것…

이것이 기도요, 믿음인데…

인내라는 훈련을 받지 않고서는 나 자신을 주님께 드릴 수 없기에

지금도 나는 나 자신을 주님께 드리는 인내의 훈련을 받고 있다.

제5장

2016년,
엥겔레스 구치소에서의 삶

♪ 2016년 1월 5일_ _ _ _ _ _ 엥겔레스 구치소에서 드리는 고백

하나님의 분노의 매로 말미암아
고난 당하는 자는 바로 나로구나.
나를 어둠 안에 걸어가게 하시고
빛 안에서 걸어가지 못하게 하시는구나.
종일토록 손을 들어 자주자주 나를 치시는구나.
나의 살과 가죽을 쇠하게 하시며
나의 뼈들을 꺾으시고
고통과 고난으로 나를 에워 쌓으며
나를 어둠 속에서 살게 하시기를
죽은 지 오래된 자 같게 하시는구나.

주님!
내 고난과 고통을 기억하옵소서.
내가 절망과 낙심 속에 있사오나
오직 주님만 바라보며 회개합니다.
주님의 긍휼과 자비하심으로 인하여
내가 진멸되지 아니할 것을 믿습니다.
내가 주님의 은혜를 바라며
잠잠히 인내로 순종하겠나이다.
주님께서 나를 고통과 고난 속에 두셨으나
나를 영원히 버리지 않을 것을 믿습니다.
주께서 인생으로 고생하게 하시며
근심하게 하심은 본심이 아니심을 믿습니다.

내가 내 죄 때문에 하나님께 벌을 받고 있으니
내가 어찌 누구를 원망하리이까.
내 마음과 영혼과 손을 들어 주님께 향하고
내가 깊은 웅덩이에서 주님께 회개하나이다.
주께서 이미 나의 부르짖음과 탄식 소리를 들으셨고
나의 억울함을 보셨사오니

나의 원통함을 풀어 주시고

나에게 새로운 생명과 새로운 은혜로 덧입혀 주옵소서.

> 사랑은 여기 있으니 우리가 하나님을 사랑한 것이 아니요 오직 하나님이 우리를 사랑하사 우리 죄를 위하여 화목제로 그 아들을 보내셨음이니라 (요일4:10)

♪ 2016년 1월 18일 _ _ _ _ _ 엥겔레스 구치소에서 드리는 고백

세상에 모두 나쁜 사람들만 있는 것도 아니고
모두 좋은 사람들만 있는 것도 아니다.
인생을 살다 보면 좋은 사람들을 만나서
행복하고 즐거운 시절도 보내고
나쁜 사람들 만나서 힘들고 고통스러운 시절도 맛볼 수 있다.
슬퍼할 때가 있으면 기쁠 때도 있고
울 때가 있으면 웃을 때도 있고
잃을 때가 있으면 찾을 때가 있고
사랑할 때가 있으면 미워할 때도 있다.

나는 지금 이곳 필리핀에서
억울하게 감옥 생활을 하고 있지만
나에게 일어난 이 고난과 어려움 역시
하나님께서 나를 책망하시고 깨닫게 하시고
교육시키시고 가르치시기 위한
하나님의 방법이라 믿는다.
하나님께서 행하시는 세상의 모든 일은
내가 능히 알 수도 없고
깨달을 수도 없고

내가 아무리 애써 알아보려고 해도 알아낼 수 없다.
내 입을 열어 억울하다고 항변할 수도 없고
내 입을 열어 원망하거나 불평할 수도 없다
그저 이 고난 속에서 잠잠히 인내로 주님 뜻에 순종할 뿐이다.
기쁠 때를 바라보며 웃을 때를 기다릴 뿐이다.

하나님께서는 이렇게 말씀하신다.
이 세상에서는
사람이 사람들을 주장하여 해롭게 하며
의인과 악인, 선인과 죄인, 깨끗한 자와 깨끗하지 아니한 자
모두가 일반이라고….
재판하는 곳에도 악이 있고
정의를 행하는 곳에도 악이 있고
어느 나라이든 어느 지방이든 빈민을 학대하는 일과
정의와 공의를 짓밟는 일들이 나타난다고….
그것을 이상히 여기지 말라고 주님은 말씀하신다.

그래서 나는 지금 나에게 일어난 이 현실 속에서
하나님 뜻을 깨닫고
하나님 뜻을 분별하고

하나님의 교훈과 책망과

하나님의 가르침을 알기 위해 기도한다.

오늘도 회개하며 내 마음을 다스리고 있다.

> 주께서는 보셨나이다 잔해와 원한을 감찰하시고 주의 손으로 갚으려 하시오니 외로운 자가 주를 의지하나이다 주는 벌써부터 고아를 도우시는 자니이다 (시10:14)

♪ 2016년 1월 19일 _ _ _ _ _ 엥겔레스 구치소에서 드리는 기도

울고 싶다.
울고 싶다.
가슴이 저미도록 울고 싶다.
울고 싶다.
울고 싶다.
마음이 찢어지도록 울고 싶다.
울고 싶다.
울고 싶다.
심장이 터지도록 울고 싶다.
울다 울다 지쳐 그대로 잠들고 싶다.
울다 울다 지쳐 그대로 쓰러지고 싶다.

주님!
어느 때까지이니이까.
주님!
영원히 나를 잊으시나이까.
주님의 얼굴을 언제까지 숨기시겠나이까.
울고 싶다.
울고 싶다.
울다 울다 지쳐 이대로 천국 가고 싶다.

♪ 2016년 1월 20일 _ _ _ _ _ 엥겔레스 구치소에서 드리는 고백

내가 지금까지 살아온 57년의 인생은
모두 다 하나님의 축복이다.
어린 시절 가난하여 먹을 것이 없었지만
지금까지 살아 있어서 축복이요.
믿지 않는 가정에서 태어나
예수 믿고 구원받을 수 있어서 축복이다.

나는 지금 필리핀 감옥에 들어와 있다.
잘못한 것도 없고
이유도 모른 채 엄청난 누명을 쓰고
필리핀 검찰의 무기징역이란 구형 아래
3년째 수감 생활을 하고 있다.
참으로 어이없고 어처구니없는 함정에 빠졌다.
내가 당한 이 일들은 사람이 할 수 없는 일이고
내가 석방되는 것 또한
사람이 할 수 없는 일이다.
참으로 감당할 수 없는 힘든 영적 육적 싸움을 하고 있지만
그래도 3년간 감당할 수 있도록
은혜 베풀어 주셔서 감사하다.

하나님께서 아직 나를 석방시켜 주시지 않는 것은
하나님 앞에 내가 더 훈련받아야 할 것이
남아 있기 때문일 것이다.
내가 더 버려야 할 것이 남아 있고
내가 더 벗어야 할 것이 남아 있고
내가 더 놓아야 할 것이 남아 있기 때문일 것이다.
그러나 분명한 것은
언젠가는 내가 석방된다는 것이다.

지금까지 살아온 날보다
앞으로 살아야 할 날이 더 짧다.
이제 석방되어 한국에 돌아가면
내 남은 인생을 잘 마무리하며 살아야 하겠다.
어차피 인생이란 후회로 가득 찬 것이지만
지금처럼 가슴 저미어 오는 후회는 하지 말아야겠지….
엄청난 대가를 치르더라도
세상 것을 내려놓고
하늘의 신령한 복을 붙잡을 수 있다면
그보다 더 값진 것은 없으리….

이 지옥 훈련 통해서 육신의 생명이 죽고
하나님 생명으로 거듭 태어날 수 있다면
그보다 더 값진 것은 없으리….

분명 나는 지금 육체를 따라 살지 않고
성령을 좇아 살 수 있도록
하나님 앞에 훈련을 받고 있는 것이다
3년 동안 이 감옥에서 지켜 주시고
보살펴 주시고
깨닫게 해 주시고
인도해 주신 하나님께 감사와 영광을 돌린다.
지금까지 은혜와 사랑을 부어 주시는 주님을 찬양한다.
이 모두가 다 주님의 축복이다.

> 너희에게 인내가 필요함은 너희가 하나님의 뜻을 행한 후에 약속을 받기 위함이라 (히10:36)

♪ 2016년 1월 21일 _ _ _ _ _ 엥겔레스 구치소에서 드리는 고백

인생이란 포기하는 것이라오.
내 권리를 포기하고 주님의 권리를 인정하는 것이라오.
내 주장을 포기하고 주님의 주장에 순종하는 것이라오.

인생이란 포기하는 것이라오.
내 의를 포기하고 주님의 의로 사는 것이라오.
내 열심을 포기하고 주님의 열심으로 사는 것이라오.

인생이란 포기하는 것이라오.
내 교만을 포기하고 주님의 겸손을 닮는 것이라오.
내 욕심을 포기하고 주님의 온유를 닮는 것이라오.

인생이란 포기하는 것이라오.
육신의 정욕을 포기하고 십자가 사랑을 채우는 것이라오.
이생의 자랑을 포기하고 십자가 보혈을 받는 것이라오.

인생이란 포기하는 것이라오.
내 주권을 포기하고 주님 주권에 순종하는 것이라오.

인생이란 포기하는 것이라오.

육신의 생명을 포기하고 성령으로 채워서

천국 들어가는 그 날까지

포기하고 포기하고 포기하는 것이라오.

인생이란 포기하는 것이라오.

선악과를 포기하고 생명과를 먹는 것이라오.

> 나의 평생에 선하심과 인자하심이 정녕 나를 따르리니 내가 여호와의 집에 영원히 거하리로다 (시23:6)

♪ 2016년 1월 22일 _ _ _ _ _ 엥겔레스 구치소에서 드리는 고백

믿음이란 자신이 새로워지는 것이다.
믿음이란 자신이 변화되는 것이다.
믿음이란 새로운 생명을 탄생시키는 것이다.
믿음이란 육신의 생명이 죽는 것이다.
믿음이란 자아가 죽는 것이다.
믿음이란 보이지 않는 하나님 능력이다.

믿음이 있다는 것은
보이지 않는 하나님의 능력 안에 거한다는 뜻이다.
주님 능력 안에 거하면 자아는 죽고
하나님의 생명으로 성장하며 변화되는 삶을 살 수 있다.

믿음이란 성령님의 임재다.
믿음이란 주님의 영광이다.
믿음이란 신뢰요, 확신이다.
주님 영광 안에 거하면 확신이 있다.
성령 안에 거하면 주님을 부인할 수 없는 신뢰가 있다.

변화되지 않는 믿음은 가짜 믿음이다.

성장하지 않는 믿음은 세상적 믿음이다.
자신이 변화되지 않는 것은 확신이 없다는 뜻이다
믿음이란 십자가 의미를 확신하기 때문이다.
신뢰가 약하다는 것은 믿음이 약하다는 뜻이다.
믿음이란 신뢰와 확신이 성장하기 때문이다.

믿음이란 자신 안에 있는 죄악을 보는 것이다.
믿음이란 자신 안에 있는 죄악을 깨닫는 것이다.
볼 수 있다는 것은 신뢰가 성장한다는 뜻이다.
깨달을 수 있다는 것은 확신이 성장한다는 뜻이다.
자신의 죄악을 볼 수 있고
자신의 죄악을 깨달을 수 있다는 것은
주님을 신뢰하고 확신한다는 뜻이다.
사랑과 은혜가 풍성하신 주님!
나 자신의 능력을 포기하고
내 안에 내주하시고 역사하시고 인도하시는
성령님의 은혜로 하나님의 능력 안에 거하게 하옵소서.
내 평생 사는 동안 하나님의 영광 안에 거하다
영원한 영광 안에 들어가게 하옵소서.

☽ 2016년 1월 23일 _ _ _ _ _ 엥겔레스 구치소에서 드리는 고백

분노는 또 다른 분노를 낳는다.
원망은 또 다른 원망을 낳는다.
미움은 또 다른 미움을 낳는다.
나는 이 필리핀 감옥에서 힘들게 고통을 당하고 있다.
3년이 다 되어간다.
여전히 그 사람에 대한 분노로
심한 영적 싸움을 하고 있다.
하나님께 악한 마음과 악한 생각을 없애 달라고 기도하지만
한편으로는 이 사람에 대한 분노가 멈추지 않는다.
복수의 칼날을 갈고 있는 내 두 마음을 보면서
그저 안타까울 뿐이다.
연약하고 나약한 내 모습과 죄성이
그대로 살아 있는 내 두 모습….

이제 3년이 다 되어 간다.
그래도 성령님의 은혜로 내 마음과 육체가
많이 회복되고 치유되고 있다.
하나님께서 선악 간에 판단해 주시고 심판해 주실 줄 믿는다.

분명한 것은

분노는 또 다른 분노를 낳는다는 것….

내가 이 사람에게 복수를 하면

나는 하나님 앞에 또 다른 죄를 짓는 것이다.

내가 복수를 하므로 하나님께 죄를 지으면

나는 내 평생 사는 날 동안 또 다른 죄책감에 시달려야 한다.

나의 이 모든 것을 하나님께 맡기고

하나님께서 내 원통함을 풀어 주시길 기도할 뿐이다.

정신적, 육체적, 물질적 피해는

하나님께서 보상해 주시고 채워 주실 줄 믿으면서….

행여 그리 아니하실지라도

그냥 감사하며 살면 된다.

나는 오늘도 주님께 간구한다.

성령님의 은혜로 내가 치유되기를….

성령님이 평안으로 인도해 주셔서

천국에 들어가는 그 날까지

동행해 주시기를….

♪ 2016년 1월 24일 _ _ _ _ 엥겔레스 구치소에서 드리는 고백

하나님께서 잠시 빌려준 생명
내 마음대로 사용해서 부끄러움뿐이네.
하나님께서 잠시 빌려준 시간
헛되고 헛되이 사용하여 부끄러움뿐이네.
하나님께서 잠시 빌려준 물질
육신의 정욕으로 사용하여 부끄러움뿐이네.

나의 것,
나의 소유 모두가 주님 것이오니
십자가 보혈로 덮어 주사
하늘의 것을 소유하게 하옵시고
십자가 사랑으로 덮어 주사
신령한 것을 소유하게 하옵소서.
내가 가진 것, 오직 십자가뿐이오니
십자가를 붙잡고 생명 길을 걷게 하옵시고
십자가를 붙잡고 선한 싸움을 싸우게 하옵시고
십자가를 붙잡고 나의 달려갈 길을 마치게 하옵소서.
이 땅의 삶을 마치고
육신의 장막을 벗는 그 날,
주님 영광 붙잡고 천국에 들어가게 하옵소서.

♪ 2016년 1월 25일 _ _ _ _ _ 엥겔레스 구치소에서 드리는 고백

가방아…. 가방아….
너는 나하고 친구 되어
2012년 12월 21일 필리핀행 비행기에 몸을 실었지.
그런데 이렇게 뜻밖에 너 하고 나하고
감옥에 들어올 줄이야….
너도 몰랐겠지만
나도 몰랐단다.

미안하다…. 가방아….
정말 미안하다.
네가 좋은 주인을 만났더라면,
멋지고 아름답고 행복한 추억을 만들었을 텐데
못난 주인 만나서
나와 함께 감옥에서 모진 고통을 당하는구나.
미안하다…. 가방아….
정말 미안하다.

너의 마음은 많이 상했고
너의 육체는 많이 찢겼구나.

모진 고난과 고통 속에서도 너는 말없이,
잠잠히 인내하는구나.

미안하다…. 가방아….
정말 미안하다….
언젠가는 너와 나, 함께 석방되겠지.
그때엔 너와 나, 또다시 친구 되어
멋진 여행을 해 보자꾸나….
너는 내 손잡아 주고,
나는 네 손잡아 주고,
우리 함께 친구 되어 여행을 하자꾸나.
그곳은 감옥도 없는 곳이란다.
그곳은 눈물도 없는 곳이란다.
그곳은 아픔도 없는 곳이란다.
오직 기쁨과 행복만 있는 곳이란다.
너의 눈물도 닦아 주고
나의 눈물도 닦아 주는 곳이란다.

가방아,

조금만 더 참자.

조금만 더 힘을 내자.

조금만 더 인내하자꾸나.

너희 믿음의 시련이 불로 연단하여도 없어질 금보다 더 귀하여 예수 그리스도의 나타나실 때에 칭찬과 영광과 존귀를 얻게 하려 함이라 (벧전1:7)

♩ 2016년 1월 26일 _ _ _ _ _ 엥겔레스 구치소에서 드리는 고백

하나님의 시계는 빠르지도 않고 느리지도 않다.
하나님의 시계는 하나님의 뜻에 맞춰
정확하게 움직인다.

그러나 인간의 시계는 다르다.
빠를 때도 있고
늦을 때도 있고
멈춰 있을 때도 있고
고장 날 때도 있다.
인간은 인간의 뜻에 맞춰
하나님의 시계를 움직이려고 한다.
그러나
하나님의 시계는 인간의 뜻에 맞춰
움직이지 않는다.

이제 인간의 뜻이 하나님 시계에 맞춰져야 한다.
나는 이 감옥에서 내 뜻과 내 방법에 맞춰
하나님의 시계를 움직이려고 노력해 왔다.
그러나

내가 노력한 것은 없다.

3년 동안 헛수고만 했다

하나님의 시계는 절대 인간의 뜻에 맞춰지지 않는다.

나는 참 어리석고 미련하다.

나는 알면서도 어리석은 일을 반복하고 반복한다.

내가 지금 해야 할 일은

하나님의 시계를 맞추려 하지 말고

하나님의 시계에 따라가는 것인데….

분명 하나님의 시계는 정확하게 움직인다.

답답함도 내려놓고

조급함도 내려놓고

오직 순종과 인내로 하나님의 시계를 바라봐야 한다.

하나님의 시계는 멈추지 않고 정확하게 움직이기에

반드시 때가 온다.

반드시 아침은 온다.

어두운 밤은 지나가게 되어 있다.

슬픔과 괴로움은 지나가게 되어 있다.

찬란히 떠오르는 저 태양을 바라보며

지금도 쉬지 않고 움직이는 하나님 시계를 바라보며,
내 영혼 깊숙이 임하는 은혜를 맞으며
희망을 바라보자.

반드시 아침은 온다.
반드시 태양은 떠오른다.

하나님은 인생이 아니시니 식언치 않으시고 인자가 아니시니 후회가 없으시도다.
어찌 그 말씀하신 바를 행치 않으시며 하신 말씀을 실행치 않으시랴. (민23:19)

♩ 2016년 1월 30일 _ _ _ _ _ 엥겔레스 구치소에서 드리는 고백

주님!
제가 주님 앞에서 훈련받은 지가
벌써 3년이 되었습니다.
주님 앞에서 받고 있는 이 훈련이
헛되지 아니하도록 저를 깨닫게 하옵시고
주님의 지혜로 저를 인도하여 주옵소서.
이 연단과 훈련을 통해서
제가 주님 앞에 새로운 믿음으로
세워질 수 있도록 인도하여 주옵소서.

조급함을 버리고 평안이 채워지게 하옵소서.
분노의 감정을 버리고 감사가 채워지게 하옵소서.
교만과 탐욕을 버리고 온유와 겸손이 채워지게 하옵소서.
허물어지는 마음을 버리고 담대함이 채워지게 하옵소서.
이기적인 마음을 버리고 낮아지게 하옵소서.
우울한 감정을 버리고 평강이 채워지게 하옵소서.
곤고한 감정을 버리고 순종으로 인내하게 하옵소서.
미움의 감정을 버리고 사랑이 채워지게 하옵소서.

성령으로 채워 주시어

온전한 훈련이 이루어질 수 있도록 인도하여 주옵소서.

진리 안에서 자유함을 누리게 하옵시고

은혜 안에서 감사가 넘치게 하옵소서.

오직 주님만 찬양하게 하옵시고

오직 주님만 바라보게 하옵소서.

감사와 기쁨으로 이 훈련을 잘 마칠 수 있도록

주님, 저를 인도하여 주옵소서.

내 영혼이 여호와의 궁정을 사모하여 쇠약함이여 내 마음과 육체가 생존하시는 하나님께 부르짖나이다 (시84:2)

2016년 2월 16일

오늘은 참으로 뜻밖의 소식을 들었다. 이 사건의 당사자가 체포되어 구치소에 들어왔다는 것이다. 원수는 외나무다리에서 만난다는 한국 속담처럼, 구치소 안에서 불편한 만남을 갖게 될 것 같다.

내 입장에서는 지금이라도 체포되었으니 참으로 다행스럽다. 이제 본인이 체포되었으니 어떤 수단과 방법을 가리지 않고 사건 해결을 위해서 노력할 것이다.

사실 뜻밖의 일이 아닐 수 없다. 고통당하는 사람을 수수방관하며 그렇게 여유를 부리며 지내더니, 별안간에 엥겔레스 클락공항에서 체포된 것이다. 이제 하나님께서 선 악 간에 판단하실 것이다. 여전히 피해보상도 안 해주겠다고 하지만 그래도 괜찮다.

피해보상 때문에 연연하여 마음에 상처를 받고 싶지 않다. 모든 걸 다 잊고, 다 덮고 싶다. 나는 주님께 치유 받으면 되는 것이다. 주님의 은혜 외에 더 무엇이 필요하겠는가?

참으로 3년이란 세월 동안 어둡고 기나긴 터널을 지나온 느낌이다. 아직 어떤 변수가 생길지 모른다. 이곳 필리핀은 전혀 예측할 수 없다. 무죄라고 석방되는 것이 아니다.

이곳에서는 법을 다루는 사람들의 마음대로 움직인다. 한국하고는 다르다. 그래서 안심할 수도 없고 마음을 놓을 수가 없다.

그래도 내 석방을 위해 모든 노력을 아끼지 않으시는 석방대책위원 목사님, 사모님, 그리고 한국의 선후배 목사님과 동료 목사님께 감사드린다. 그리고 한국 대사관 김대희 영사님, CTS 필리핀지국 윤여일 PD, 중부루손 선교사협의회 회장님과 모든 선교사님께 머리 숙여 감사드린다.

2016년 2월 24일

오늘은 재판에 다녀왔다. 이 사건의 장본인이 지난 2월 16일에 체포되고 구치소로 넘어온 이후, 오늘 함께 재판에 다녀왔다. 내가 불법 연행되어 구속된 이후 3년 만에 구치소에서 만난 것이다.

참으로 끓어오르는 분노를 주체할 수가 없었다. 그러나 참고 참으며 아무 말을 안 했다. 재판 다녀오는 동안에도 아무 말을 안 했다. 내가 입을 열면 그동안 쌓였던 울분이 폭발할 것 같았기 때문이다. 어금니를 깨물며 참았다.

"할 말이 없다. 미안하다."라고 변명은 하지만, 그것이 가증스러운 변명인 것을 나는 잘 안다.

어찌 되었든 일이 잘 진행되어 석방되었으면 좋겠다. 어떻게 하든 빨리 나가고 싶다. 그래도 참으로 긴 어둠의 터널을 지나오면서 나는 새롭게 태어났고, 새롭게 주님을 만났다. 내가 누구를 용서할 수 있는 자격은 없다. 나 역시 하나님께 용서받은 죄인이고 많은 사람에게 용서받아야 할 죄인이니까.

이제 지난 세월을 빨리 잊고 주님께 치유 받으면 된다. 하나님께서 나의 사정과 형편을 아시니 나의 정신적, 육체적, 물질적 피해는 하나님께서 보상해 주시리라 믿는다.
설사 그리하지 아니하실지라도 주님의 은혜만 있으면 된다. 나는 3년 동안 감옥에 있으면서 세상 것을 내려놓고 하늘의 신령한 것을 보았고, 하늘의 진리를 깨달았다.

이제 미련도, 후회도 없다. 이제 내 남은 인생을 새롭게 살아가면 된다. 그동안 이 지옥 속에서 은혜를 주시고, 붙잡아 주신 우리 주님께 감사와 영광 돌린다.

♪ 2016년 2월 25일 _ _ _ _ _ 엥겔레스 구치소에서 드리는 고백

반석에서 솟아나는 저 물은
생명의 생수요.
갈보리 언덕에서 들려오는 저 소리는
자유의 소리요.
골고다 언덕에서 나오는 저 향기는
기쁨의 향기라네.
흑암 속에서 피는 꽃은 영생의 꽃이요.
십자가에서 피는 꽃은 부활의 꽃이요,
환란 속에서 피는 꽃은 소망의 꽃이요,
절망 속에서 피는 꽃은 사랑의 꽃이라네.

내 영혼 눈을 들어 하늘을 바라보니
나의 도움 어디서 올꼬….
나의 도움 어디서 올꼬….
나의 죄 항상 주 앞에 있사오니
십자가의 향기를 따라 걷게 하옵시고
골고다 사랑을 따라
내 인생 걸어가게 하옵소서.

♪ 2016년 3월 5일 _ _ _ _ _ 엥겔레스 구치소에서 드리는 고백

두 눈은 떴어도 주님을 보지 못했던
이 죄인을 용서하여 주옵소서.
내 안에 계신 성령의 씨앗을
내 욕심과 정욕으로 인하여 자라지 못하게 했음을
용서하여 주옵소서.
악하고 교만한 육체의 능력 때문에
주님의 은혜와 사랑을 경험하지 못함을
용서하여 주옵소서.
주님의 말씀을 붙잡고 순종하며 살아왔다고 하나
안목의 정욕 때문에
불순종의 길을 걸어 왔음을
용서하여 주옵소서.

그리스도 안에 계신 생명으로 나를 채우소서.
두 눈을 떴어도 보지 못하는 인생이 아니라
두 눈은 감았어도 볼 수 있는 인생 되게 하옵소서.
겸손을 붙잡고 진리를 보게 하옵시고
순간순간마다 주님 앞에 엎드리게 하옵소서.
성령의 풍성함을 따라

영광의 풍성함으로 향할 수 있도록

나의 걸음을 인도하여 주옵소서.

나의 죄를 용서해 주신

십자가의 은혜를 따라 생명의 열매를 맺게 하옵소서.

우리 구원의 하나님이여 우리를 돌이키시고 우리에게 향하신 주의 분노를 그치소서 (시85:4)

♩ 2016년 3월 8일 _ _ _ _ _ 엥겔레스 구치소에서 드리는 고백

바보 같이 살아온 삶….
바보 같다는 소리를 들어도 좋습니다.
세상에서 바보가 되니
주님 얼굴이 보입니다.

미련하게 살아온 삶….
미련하단 소리를 들어도 좋습니다.
세상에서 미련하니
주님의 마음이 보입니다.

어리석게 살아온 삶….
어리석다는 소리를 들어도 좋습니다.
세상에서 어리석으니
주님의 영광이 보입니다.

부족하고 연약한 삶….
부족하고 연약하다는 소리를 들어도 좋습니다.
세상에서 부족하니
주님의 은혜가 넘칩니다.

교만하고 악해져서 주님께 버림받느니

미련하고 어리석어도

주님 안에 거하겠습니다.

지금까지 살아온 삶,

주님의 축복인데….

이제 무엇이 부족하여 욕심을 부리겠습니까.

지금까지 살아온 삶

주님의 은혜인데,

무엇이 더 필요하겠습니까.

앞으로 내 남은 인생

주님의 축복을 누리다가 주님이 부르시면

주님 손에 이끌리어 영원한 축복을 누리겠습니다.

> 스스로 속이지 말라 하나님은 만홀히 여김을 받지 아니하시나니 사람이 무엇으로 심든지 그대로 거두리라 (갈6:8)

📎 2016년 4월 19일

　　　　　이제 내일(4월 20일)이 재판이다. 하나님께서 허락하시어서 내일 석방될 수 있다면 얼마나 좋을까? 참으로 고된 고통의 터널을 지나왔다. 내 인생에 잊지 못할 경험이 될 것이다. 지금까지 감옥에서 지켜 주시고 은혜 베풀어 주신 주님께 감사와 영광을 돌린다.

　돌이켜 보면 축복의 시간들이었고, 은혜의 시간들이었다. 지나온 모든 시간이 감사요, 은혜의 시간들이다. 지금까지 내 인생의 고비 고비마다 주님은 나에게 축복해 주셨고, 은혜를 베풀어 주셨다. 지금 돌이켜 생각해 보니 하나님께서 베풀어 주신 축복의 100분의 1도 누리지 못하고 인생을 살아왔다.

　내가 어리석고 교만했기에, 내가 미련하고 아둔했기에 주님의 축복을 누리지 못하고 주님의 축복을 깨닫지 못하고 살아왔다. 이제 감옥에서 이런 것들을 깨닫고 보니 하나님 앞에 모든 것이 죄송스러울 뿐이다.

　이제 석방되어 한국에 돌아가면 조용한 곳에 가서 조용히 살고 싶다. 모든 것을 다 내려놓고 조용히 살고 싶다. 지금까지 인도해 주신 우리 주님께 감사와 영광을 돌린다. 내일 좋은 일이 일어났으면 좋겠다. 내일 석방 되었으면 좋겠다.

2016년 4월 20일

　　기대했던 석방은 일어나지 않았다. 재판 자체가 6월로 연기되었다. 이곳 필리핀에서는 이런 일들이 비일비재해서 이상할 것은 없다. 여기서는 검사나 판사 마음이기 때문에 어쩔 수 없다. 마음이 허물어지는 경험도 워낙 많이 겪어서 그런지 담담히 받아들일 수 있었다.

　아니, 하나님께서 나를 사랑하셔서 두 달을 연기하신 거로 생각하기로 했다. 이것이 나에게 유익이 되기 때문에 하나님께서 그렇게 하신 것일 테니까. 3년을 견디어 왔는데 두 달, 그까짓 것 못 견딜 것도 없다.

　그러나 힘들다. 하나님께서 앞으로 내 인생을 어떻게 인도하실지 모르겠지만, 지금으로써는 몸과 마음과 내 영혼이 무척 힘들다. 앞으로 목사로서 살아갈 자신도 없고, 목사의 직분을 감당할 자신도 없다. 목사로서 가져야 할 기본적인 믿음도 없다. 내가 살아온 지난날들이 모두 하나님 앞에 죄와 허물뿐이니 그저 후회스럽고 부끄러울 뿐이다.

🎵 2016년 5월 4일 _ _ _ _ _ 엥겔레스 구치소에서 드리는 고백

세월은 유수와 같다더니
감옥에 들어온 지가 엊그제 같은데
어느덧 3년이 넘어서고 있다.
이제 얼마 안 있으면
하나님께서 나를 석방시켜 주실 줄 믿는다.
석방시켜 주시는 그 날까지
끝까지 믿음으로 견디고 견디자.

터널의 끝자락이 보인다.
캄캄했던 터널 속에서 앞이 보이지 않았지만
이제는 흐릿하게나마 터널 끝이 보인다.
이제 지난 세월은 지난 세월이고
흘러간 시간은 흘러간 시간일 뿐이다.
교만하고 어리석게 살아온 것도
이젠 모두 다 털어 버리자.
내 남은 인생, 하나님께서 허락하시는 그 날까지
그저 감사하며 열심히 살면 된다.

믿지 않는 가정에서 태어나 혼자 주일학교 다니며

하나님의 이름을 부르게 되었고
지금은 목사가 되어
하나님 앞에 잠시라도 쓰임을 받았으니
이 모두가 하나님의 은혜가 아닌가.
예수그리스도를 내 구세주로 받아들이고
하나님을 내 아버지라 부를 수 있는 이 구원의 은총은
이 땅의 모든 가치와 비교할 수 없는 하늘의 비밀이 아닌가.
나는 이 비밀을 보고 듣고 만져 보지 않았는가.
이것을 알고 받아들이고 누릴 수 있다는 것,
이 얼마나 큰 축복인가!

3년이란 세월 동안 주님은 한없는 사랑을 베풀어 주시고
어두웠던 내 인생 가운데
다시 볼 수 있도록 영적 눈을 열어 주셨으니
이 또한 축복이 아닌가.
인생이 보이면 축복이 보이고,
인생이 보이면 구원이 보이고,
인생이 보이면 진리가 보이고,
인생이 보이면 하나님이 지으신 집이 보인다.

손으로 짓지 아니한 영원한 집….

이 모든 게 은혜요, 감사요, 축복이다.

> 저희가 이제는 더 나은 본향을 사모하니 곧 하늘에 있는 것이라 그러므로 하나님이 저희 하나님이라 일컬음 받으심을 부끄러워 아니하시고 저희를 위하여 한 성을 예비하셨느니라 (히11:16)

2016년 5월 7일

      6월 22일과 29일이 재판이다. 6월에 석방될 수 있다면 얼마나 좋을까.
  '주님! 6월에 석방시켜 주실 줄 믿습니다.'
  나는 지금 마지막으로 고된 훈련을 받고 있다. 날씨가 3개월째 평균 45~50도 정도로 올라간다. 비좁은 감방 안에는 60~70도 이상이다. 한증막이다. 30명이 들어가야 할 공간에 120명! 끔찍하다. 거기에다 여자 면회객들은 여전히 감방에서 잠을 자고 가니, 총 130여 명이 된다. 발 디딜 틈도 없이 꽉 들어찬 사람들, 이 사람들이 뿜어내는 열기……. 생존경쟁의 아우성 소리, 노래방 음악 소리, tv 소리, 오디오 음악 소리…. 정말 정신이 없다. 아침에 눈을 뜨면 시끄러움이 시작된다.
  여기에 하루 종일 땀은 줄줄줄. 땀으로 목욕하는 실정이다. 좁고 안 좋은 환경에 전염병과 같은 질병은 만연한 상태다. 나는 지금 고통을 동반한 마지막 훈련을 받고 있다.

  그래도 3년이란 기간 동안 잘 견디어 왔다. 내가 생각해도 참 대견한 것 같다. 물론 이 모두가 하나님의 은혜다. 나는 정말 이런 환경에서 참고 견딜 수가 없다. 이 사람들이야 이런 환경에서 태어나 이런 환경에서 성장했기 때문에 전혀 이상할 것이 없지만, 나는 한국 사람에다가 이런 환경을 생전 처음 접하지 않는가! 하나님께서 붙잡아 주시지 않고, 은혜를 베풀어 주시지 않았더라면 나는 아마 살아 있지 않았을 것이다.

이 마지막 고비만 잘 참고 견디면, 하나님께서 6월에 석방시켜 주실 줄 믿는다. 그 날을 기다리며 소망을 바라본다.

2016년 5월 10일

나는 요즘 무척 심한 스트레스를 받고 있다. 2014년에도 심한 스트레스, 우울증, 정신적 충격, 육체적 병마, 전염병으로 죽을 고비를 넘긴 적이 있었다.

지금까지 잘 견디어 왔는데, 3년이 지난 지금에 이르러 2014년도와 비슷한 증상이 다시 나타났다. 그래서 극심한 스트레스를 받고 있다. 몸이 아파 일수일째 먹지도 못하고, 일어나지도 못하고 있다. 설상가상 엉덩이에 종기, 팔뚝에 종기가 나를 괴롭힌다. 60~70년대 한국에서 유행했던 전염병들이 여기서 유행한다.

나는 하나님께 기도하며 원인을 찾아보았다. 2016년 2월, 이 사건 당사자가 체포되고 그동안 재판 과정에서 '이 사건과 내가 관련이 없다'는 증언이 나왔다. 내가 실제적 책임자가 아니라는 것이 증언을 통해서 밝혀진 것이다. 그러므로 석방될 수 있는 조건이 만들어졌다. 그래서 변호사는 2월에 증거불충분 석방을 신청했고, 3월 16일에 판사가 접수하여 검토 중이라는 말을 들을 수가 있었다. 그런데 그 이후로부터 3개월이 다 되도록 감감무소식이다. 아무런 변화가 없는 것을 바라보며 내 마음이 급해진 것이다. 하루라도 빨리 나가고 싶은 마음에 마음이 급해지고 초조해지다 보니 당연히 스트레스를 받게 된 것이다. 이것이 요즘 내가 받는 스트레스의 원인이다.

　나는 나의 어리석음을 또다시 깨닫고 하나님께 회개한다. 3년 동안 엄청난 훈련 속에서 잘 견디어 왔는데 이제 끝마무리에 와서 고통을 당한다는 것은 있을 수 없다. 좀 더 여유를 갖고 성령님의 도우심을 구하자. 하나님께서 석방시켜 주실 때까지 조급한 마음 버리고 하나님의 때를 기다리자.
　이곳 필리핀의 재판 방식은 한국과 다르기 때문에 변수가 많다. 곧 석방될 것 같은 데도 6개월 1년이 걸린다. 6월 22일이 재판 날이긴 하지만 사실 그때 가봐야 한다.

　오직 하나님만 아신다. 하나님께서 나를 불쌍히 여겨 주셔서 이번에는 석방시켜 주시기를 간절히 기도할 뿐이다.
　'주님, 이번에는 꼭 석방시켜 주옵소서. 정말 나가고 싶습니다.'

2016년 6월 3일

오늘은 박원철 선교사님께서 구치소를 다녀가셨다. 참으로 미안하고 면목이 없다. 박 선교사님은 내 석방대책위원이시면서 홍양순 선교사님과 함께 아직까지도 최일선에서 나를 돕고 계신다. 2014년 7월부터 지금까지 나를 도와주고, 내 석방을 위해서 노력하고 계신다.

사실 나의 억울함을 알고 있으니 그냥 한두 번은 도와줄 수는 있다. 그러나 이렇게 2년 동안 변함없이 기도와 물질과 사랑으로 도와주기는 그리 쉽지 않다.

지금 밖에서는 목사님들이, 구치소 안에서는 내가 간절히 기도하고 있다. 물론 하나님께서 정하신 때와 시기는 알 수 없다. 그래서 하나님께 매달릴 수밖에 없다. 내 석방은 판사의 마음도 아니고 오직 하나님의 마음이니까. 하나님께서 판사의 마음을 움직여 주어야 한다.

오늘도 나는 간구한다. 초조하고 조급한 마음을 버리고 평안을 유지할 수 있기를…. 이제 조금만 참으면 된다. 이제 조금만 견디면 된다. 결승점이 눈앞에 보인다.

2016년 6월 4일 _ _ _ _ _ 엥겔레스 구치소에서 드리는 고백

모든 걸 다 잊자.
용서받고 용서하고
사랑받고 사랑하는 것….
이것이 하나님께서 만들어 놓으신 축복이다.

상황이 어떻게 전개되든
내 인생의 한 과정일 뿐이다.
58년 내 인생, 잘못 살아온 것 같지만,
하나님의 축복 속에 살아왔고
58년 내 인생, 바보같이 살아온 것 같지만.
하나님의 축복 속에 살아왔다.

지나간 시간에 얽매이지 말자.
지나간 세월에 얽매여
슬퍼하거나 노여워하지 말자.
모두가 다 하나님 축복이란 시간 속에서 살아왔으니
무엇이 더 필요하겠는가.
원망하며 분노하며 슬퍼했던 시간들도
세월이 지나면 모두 하나님의 축복인데….

괴로워할 이유도 없고 슬퍼할 이유도 없다.
모두가 내가 성장하는 데 한 과정일 뿐이다.

비바람과 눈보라를 맞는 날보다
따뜻한 햇볕을 받는 날이 더 많았고,
울 때보다 웃는 날이 더 많았고,
슬퍼할 때보다 기뻐했던 날이 더 많았고,
잃는 날보다 얻는 날이 더 많았고,
미워할 때보다 사랑할 때가 더 많았고,
아픈 날보다 건강한 날이 더 많았으니.
내 인생을 돌이켜 보면 모두가 하나님의 은혜가 아닌가.

이 세상에 나 혼자만 있어서도
하나님은 독생자 아들을 죽이시면서까지
내 죄를 사해 주셨을 것이다.
그런 한량없는 주님의 사랑을
어찌 말로 표현할 수 있겠는가.
오늘도 인내하며 순종하며 감사하며
주님의 은혜를 가슴 깊숙이 묵상한다.
이 엄청난 하나님의 은혜 앞에서

내가 살아온 삶은 모두 죄와 허물투성이니
오늘도 주님의 긍휼하심 속에서
승리의 그 날을 바라본다.

주의 백성의 죄악을 사하시고 저희 모든 죄를 덮으셨나이다
(시85:2)

◈ 2016년 6월 22일

오늘은 재판에 다녀왔다. 기대가 크면 실망도 큰 법…. 역시나 아무 진전이 없었다. 허물어지는 마음은 정말 어쩔 수 없나 보다. 믿음의 정체성까지 흔들린다. 참으로 안타깝고 답답하다.

나에게 있어서 믿음이란 무엇인가! 내가 억울하게 감옥 생활하는 게 억울한 것이 아니다. 잠잠하신 하나님의 뜻을 헤아릴 수 없어서 안타까울 뿐이다. 언제 석방될지 한 치 앞도 알 수 없는 현실 앞에, 그저 암담하고 절망적인 현실 앞에 온전히 하나님을 신뢰하지 못하고 흔들리는 연약한 내 모습이 안타깝다.

어떠한 상황과 어떠한 조건 앞에서도 살아계신 하나님을 신뢰하는 것, 이 믿음을 지키지 못함이 안타까울 뿐이다. 하나님의 사랑은 어제나 오늘이나 영원토록 변함없으시다. 그 사랑이 지금도 온 인류에 흐르고 있다. 그리고 그 사랑 안에는 하나님의 공의가 들어 있다. 공의가 빠진 사랑은 없다. 나는 지금 이 필리핀 감옥에서 3년이 넘도록 하나님의 사랑을 받고 있다. 내가 받는 하나님의 사랑에 하나님의 공의의 심판까지 포함되어 있는 것이다. 하나님은 사랑하시는 자를 징계하시고 채찍질하신다. 지금 내가 받는 이 고난과 징계가 지금은 괴롭고 슬퍼 보이나 결국은 나의 유익을 위하여 하나님께서 공의의 사랑을 더하시는 것이다.

지금보다 더 답답하고 어려운 상황이 온다 하더라도 하나님의 공의의 사랑에 대해 인내하고 순종하는 것, 이것이 믿음이다. 물론 이 믿음이 흔들리는 것이 안타깝다. 그래서 오늘도 잠잠히 하나님 앞에 나아간다. 오늘도 잠잠히 하나님 앞에 엎드린다. 내가 어찌 하나님의 생각을 앞서겠는가! 내가 어찌 하나님의 방법을 앞지르겠는가!

'하나님께서 나를 불쌍히 여겨 주셨으면….'
'하나님께서 나를 긍휼히 여겨 주셨으면……'
'하나님께서 내 마음에 평강을 채워 주셨으면….'
'흔들리지 않는 믿음으로 나를 인도해 주셨으면….'
'하나님의 생명과 은혜로 나를 인도해 주셨으면….'

오늘도 나는 답답한 마음을 내려놓고 하나님 앞에 잠잠히 엎드릴 뿐이다.

♪ 2016년 6월 23일 _ _ _ _ _ 엥겔레스 구치소에서 드리는 고백

내 인생에 있어서 나는 무엇인가.
나는 왜 지금까지 살아왔으며
무엇 때문에 살아왔는가.
내 인생에 있어서 나는 어떤 가치와
어떤 의미를 부여했는가.

내 인생을 더듬어 보니
너무 한탄스럽고 안타깝고 후회스럽다.
어리석음이 앞서면 인생에 의미는 보이지 않는다.
교만함이 앞서면 인생의 가치는 보이지 않는다.
세상에서 실패와 성공, 불행과 행복 여부를 떠나서
예수님 안에서 얼마든지 인생에 아름다운 가치를
실현시키는 사람들이 많다.

나는 목사라는 직분을 떠나서
하나님을 믿는 신앙인이다.
신앙인으로서 하나님 앞에서의 삶은
예수그리스도 안에서 하나님을 영화롭게 하는 것이다.
하나님을 영화롭게 한다는 것은

보이지 않는 하나님의 존재를 보여 주는 것이다.
보이지 않는 하나님의 존재, 그것은 곧 사랑이다.
인간의 사랑이 아닌 어마어마하고 엄청난 사랑!
이것이 바로 하나님 존재다.
보이지 않는 하나님의 존재가 보이기 위해서는
안에서부터 흘러넘쳐서 밖으로 흘러나와야 한다.
그래야 비로소 하나님의 존재가 눈에 보인다.
맑은 유리잔에 물을 부으면 잔을 채우고 흘러넘쳐야
물이 있는지 없는지 알 수 있듯이,
안에서부터 하나님이 흘러넘치지 않으면
하나님의 존재가 보이지 않는다.
이것이 하나님께서 인간을 창조하신 목적이다.

인생의 가치와 의미는
하나님의 존재를 인간을 통해서 드러내는 데 있다.
그러나 나는 지금까지 살아오면서
인생의 의미도,
인생의 가치도,
전부 잃어버린 채 살아왔다.

조금만 일찍 인생을 깨달았더라면,
조금만 일찍 하나님 앞에 겸손히 무릎을 꿇었더라면,
나는 지금 이 필리핀 감옥에 들어오지 않았을 것이다.
이곳 필리핀 감옥에 들어온 지 3년이 넘었다.
감옥에 들어와서 보니 내 인생이 조금 보였다.
그리고 지나온 나의 삶을 뒤돌아볼 수 있었다.
참으로 하나님께 통회자복하며 3년을 보내고 있다.
내 죄를 사해 주신 예수 그리스도의 십자가 은총과
그 은혜가 나를 향하고 있지만
나는 오늘도 여전히 주님을 바라볼 수가 없어
눈물로 회개할 뿐이다.
주님의 한없는 그 사랑이
내 영혼에 채워지기를 간구하며
오늘도 회개의 눈물을 흘리고 있다.

귀로, 지식으로, 이론으로, 경험으로 알고 있던 하나님의 존재가
내 영혼으로 보일 수 있기를….
내 영혼의 눈으로 주님을 볼 수 있기를
오늘도 간절히 간구한다.

2016년 6월 26일 _ _ _ _ _ 엥겔레스 구치소에서 드리는 고백

나는 어쩌다 이 구렁텅이에 빠졌을까.

정말 빠져나갈 수가 없구나.

빠져나가기 위해 몸부림치면 칠수록

하염없는 구렁텅이 속으로 빠져들어 가는구나.

내 영혼도 육체도 마비되어 녹아내리는구나.

내가 왜 이 감옥에 들어왔는지

무엇 때문에 들어왔는지

3년이 넘는 지금도 나는 알 수가 없다.

그냥 엄청난 누명을 썼다는 것밖에 아는 것이 없다.

심장이 멈추는 느낌이다.

생각하면 생각할수록 안타깝다.

참으로 말할 수 없이 안타깝다.

나는 하나님을 믿는 신앙인이다.

그러므로 세상에서 일어나는 이 모든 일은

우연이 아닌 하나님의 섭리로 받아들이지만,

순간순간 넘어지는 연약한 나의 믿음이

너무나 안타깝다.

이 모든 것이 하나님 뜻 가운데 이루어지지만,

나를 향한 하나님의 뜻은 어디에 있는 것일까.
그리고 나는 언제 석방될 수 있을까!
안갯속 오리무중이다.

이 사건 당사자는 3년 만에 체포되어
같은 구치소에 구속되어 있지만
여전히 책임을 회피하며 교만함을 유지하고 있다.
현재 나는 어떻게 해야 할지, 방법도 없고
그냥 판사의 판결만 기다리고 있는 입장이다.
모든 걸 잊고 싶고 생각하고 싶지 않지만,
여전히 내 마음 한구석에는 원망과 분노가
치밀어 올라오고 있으니,
참으로 힘든 영적 싸움이 아닐 수 없다.

그래도 지금 생각해 보니 3년이 넘는 세월을
심한 영적 싸움을 하며 살아왔다.
지금, 똑같은 현장에 있는 내 모습을 보고 있으니
이조차도 전적인 하나님의 은혜가 아닌가.
내 의지나 노력이 아닌 주님의 은혜일뿐이다.

조금만 더 견디자.

조금만 더 참자.

그리고 석방되기 전에 전적인 하나님의 은혜로

내 상처받은 마음,

아픈 마음,

괴로운 마음,

모두를 치유 받고 싶다

내 마음과 생각이 평강과 평안으로 채워지길

간곡히 기도할 뿐이다.

> 내 지체 속에서 한 다른 법이 내 마음의 법과 싸워 내 지체 속에 있는 죄의 법 아래로 나를 사로잡아 오는 것을 보는 도다 (롬7:23)

📝 2016년 7월 1일

기대하고 기다려 왔던 6월 석방은 물거품이 됐다. 가슴 졸이며 간절히 기대해 왔던 6월 석방…. 어찌 된 영문인지 답답하기만 하다. 한 치 앞도 알 수 없는 상황이다.

'정말 앞으로 5년이든, 10년이든 감옥에 있어야 하는가?'

절망감에 휩싸여 모든 걸 포기하고 싶다. 지금까지 잘 버티어 왔는데….

그래도 지금에 와서 좌절하고 넘어지면 안 된다. 조금만 참자. 조금만 견디자. 주님은 나를 버리지 아니하시고 긍휼함을 베풀어 주실 것이다. 육신의 생각은 나를 너무나 힘들게 한다. 어떻게 하든 주님의 평안으로 인도함을 받자. 오직 주님의 은혜를 회복하자.

🌙 2016년 7월 9일 ＿＿＿＿＿＿ 엥겔레스 구치소에서 드린 고백

나는 지금 소낙비를 맞고 있다.
강력한 태풍을 동반한 감옥이란 소낙비….
모든 걸 초토화시키고 있다.
이 태풍에 휩쓸려 4번의 죽을 고비를 넘겼다.

처음에는 이 소낙비를 피하기 위해
안간힘을 쓰며 몸부림쳤다.
그러나 시간이 지나고 세월이 지나면서
소낙비를 피하기 위한 인간적인 모든 방법이
전부 초토화되었다.
흔적도 없이 사라지고 상처와 아픔의 물거품만 맴돌게 되었다.

감옥이란 웅덩이 속의 물은 점점 차오른다.
정신을 바짝 차리지 않으면 한순간에 없어져 버린다.
소낙비는 하염없이 쏟아붓고 있다.

물은 점점 차오른다.
무릎을 지나
허리를 지나

가슴을 지나 목까지 차오르고 있다.
이제 얼굴만 잠기면 나는 그만 익사하고 만다.
이걸 어떻게 해야 하나….
그저 혼미할 뿐이다.

나는 지금 죽은 목숨이나 다름없다.
내 몸과 마음과 영혼까지 물속에 잠겨 버렸다.
소낙비는 계속 퍼붓는다.
주님의 이름이 허공에 맴돌 뿐이다.

뼈가 녹아내리는 기도를 해 보았는가?
누군들 뼈가 녹아내리는 기도를 안 해 봤겠는가….
심장이 터져 내리는 기도를 해 봤는가?
누군들 심장이 터서 내리는 기도를 안 해 봤겠는가….
피가 솟구쳐 오르는 통곡의 기도를 해 보았는가?
누군들 피가 솟구쳐 오르는 통곡의 기도를 안 해 봤겠는가….

주님은 나를 어떻게 하실 것인가.
정말 나를 여기서 죽이실 건가.

정말 주님은 나를 외면하신 건가.
정말 나를 이대로 내버려 두실 건가.
그리고 나는 주님의 이름을 부를 자격이 있는가.

그래도 목까지 차오른 물은
더 이상 얼굴을 덮지 않고 있으니
분명 주님은 나를 돌봐 주시는 게 분명하다.

좀 더 힘써 주님의 이름을 부르자.
좀 더 힘써 주님의 얼굴을 구하자.
소낙비를 멈추게 하고
강력한 태풍을 잠재울 수 있는 분은 오직 하나님 한 분!

소낙비가 멈추면 자동으로 물은 빠진다.
소낙비가 멈추고 목까지 차올랐던 물이 빠지는 날.
그날이 내가 석방되는 날이다.

조금만 힘써 주님 얼굴을 구하자.
조금만 힘써 주님 은혜를 구하자.

소낙비는 그치겠지.

그리고 물은 빠지겠지.

그 날을 기대하며….

> 내 의의 하나님이여 내가 부를 때에 응답하소서 곤란 중에 나를 너그럽게 하셨사오니 나를 긍휼히 여기사 나의 기도를 들으소서 (시4:1)

📝 2016년 7월 13일

　　　　오늘은 박원철 선교사님과 홍양순 선교사님 그리고 또 한 분의 목사님이 구치소를 방문해 주셨다. 기대해 왔던 석방은 이루어지지 않았고, 7월로 접어들었다.

　　선교사님들께서 구치소에 들어가는 생활비를 주고 가셨다. 필리핀 전체 구치소 교도소가 다 이런 식으로 운영된다고 한다. 필리핀 현지인들이야 돈이 없어도 그런대로 얻어먹으며 생활하고 있지만, 외국인들은 돈이 없으면 아주 비참해진다. 남이 먹고 남은 찌꺼기 얻어먹어야 하고, 쓰레기통을 뒤져 먹어야 할 때도 많다.

　　심지어 현지인들에 비해서 외국인들에게는 돈을 엄청나게 뜯어낸다. 그렇게 돈을 뜯어서 감방장들이 먹고살고 총감방장이 먹고살고…. 교도관들에게 상납하고…. 이곳 엥겔레스 구치소는 비리의 온상이다. 썩을 대로 썩어 있다. 물론 외국 사람들이 보기에 썩은 것이지, 이것은 그냥 이들의 문화생활이자 습관이다. 그러니 썩었는지, 곪았는지 이들은 아무것도 모른다.

　　그런데 오늘 청천벽력 같은 말씀을 하신다. 변호사의 말에 의하면, 검사가 계속해서 나를 잡고 있으면 판사도 어쩔 수 없이 판결을 내릴 수가 없다는 것이다. 결론적으로 검사가 이 사건이 종결될 때까지 나를 붙잡아 두면 변호사가 신청해 놓은 증거불충분 석방이 어렵게 된다. 참으로 참담하다. 하늘이 무너지고 땅이 꺼지는 느낌이다.

　목사님들이 가시고 난 뒤, 몸에 마비가 오고 숨쉬기조차 어려운 고통을 느낀다. 희망이 한순간에 무너져 내리는 것 같다. 이 사건이 종결될 때까지 또 몇 년이 걸릴지 모르는데….
　너무 참담하다. 정말 죽을 것 같고 너무 힘들다. 이 상황을 어떻게 극복해 나아가야 할지 모르겠다. 몸과 마음은 모두 지칠 대로 지쳐 있고 이상할 정도로 몸은 아파오고
　영적인 힘은 도저히 회복이 안 되고 있으니…. 정말 어떻게 해야 좋을지 모르겠다. 이 절망 속에서 빨리 벗어나 마음을 잡아야 하는데…. 어떻게 하든 견디어 내야 하는데…. 죽더라도 한국에 가서 죽어야 하는데…. 빨리 마음에 평정을 찾자. 석방에 집착하지 말고 조급한 마음을 버리자. 견디자. 어떻게 하든 견디자.

　그리고 마음에 준비를 하자. 내가 석방이 되고 안 되고는 오직 하나님 손에 달려 있으니 오직 하나님의 은혜가 임해야 함을 기억하자. 지금 나에게 필요한 것은 주님의 은혜다. 내가 앞으로 얼마나 더 있어야 할지 모르지만, 주님의 은혜로 영적인 힘을 공급받아야 하고 그 은혜로 견디고 버티어 내야 한다.
　아직 포기하기엔 이르다. 8월도 있고, 9월도 있고, 10월도 있다.

하나님께서 나를 석방시키시기로 작정만 하시면 나는 언제든지 석방될 수 있다. 그러니 지금 석방이 안 되는 것은 나를 더 훈련시킬 뜻이 있기 때문이겠지…. 아직 포기하지 말고 희망을 붙잡자. 내 석방은 판사나 검사가 하는 것이 아니라, 오직 재판장이신 하나님께서 결정하시는 것이니까.

2016년 7월 28일

지난 16일, 한국 대사관 김대희 영사님께 편지를 보냈다. 도움 요청 편지다. 2016년 3월, 나는 변호사를 통해서 증거불충분 석방 신청을 해 놓은 상태다. 그리고 5월, 재판에서 판사의 입을 통해서 '접수하여 심사 중'이라는 말을 들었다. 그리고 오늘이 7월 28일이다. 이미 벌써 판사의 판결이 나왔어야 한다.

4개월이 넘었다. 통상 3개월이면 판사의 결정이 나온다는데, 아직 결정이 나오지 않고 있다. 지난 보석이 기각될 때에도 3개월 만에 결정이 나왔다. 그것으로 미루어 볼 때 6월에 기각이든 석방이든 결정이 나와야 하는데 무슨 영문인지 모르겠다.

그래서 또다시 한국 대사관에 도움을 요청하는 편지를 보냈다. 대한민국 정부 기관인 대사관이 판사에게 공문이라도 한 장 보내

주면 판사가 빨리 결정하는 데 도움이 될 것 같았기 때문이다.

정말로 이 사건이 해결될 때까지 나를 붙잡아 두려고 하는 것인지, 정말 속셈을 알 수 없다. 이곳 필리핀의 검사, 판사, 변호사들은 썩을 대로 썩어 있다. 필리핀에 깊숙이 뿌리 박힌 하나의 병폐다. 소위 상류 계층인 법조인들의 썩을 대로 썩은 모습들을 경험하면서 필리핀의 미래의 모습을 보는 것 같았다. 지금이라도 판사가 살아 있는 양심으로 현명한 판단을 해 줄 것을 강력히 호소한다.

2016년 8월 5일

내가 수원에서 교회를 개척하고 개척교회 사역을 할 때였다. 인천의 어느 교회에서 봉고차를 바꾸면서 15년 된 봉고차를 우리 교회에 기증을 했다. 그 이후 한 일 년 정도 고장 없이 잘 운행하던 봉고차가 일 년이 지나면서 여기저기 고장 나기 시작했다. 하나를 고치면 다른 하나가 고장 나고, 또 하나를 고치면 또 다른 부품이 고장 나곤 했다. 연수가 오래된 차라서 신경을 써서 점검을 하고 예방 정비를 해도 눈에 보이지 않는 부품들이 고장 나곤 했다. 눈에 보이지 않는 부품들이 그렇게 많은 줄 몰랐다.

도로를 달리다 아찔한 순간을 모면한 적도 많았고, 고속도로에서 대형 사고의 아찔한 순간을 모면한 적도 많았다. 결국, 가난한 개척교회에서 수리비를 감당하지 못해 2년 정도 차를 운행하고 폐차 처분한 적이 있다.

나는 지금 필리핀 구치소에 들어와 있다. 3년 5개월이 되었다. 3년 5개월 전에 하나님께서는 나를 이곳 필리핀 감옥으로 보내 주셨다. 그리고 나는 하나님 손길에 의해 정비를 받고 있다. 하나님 손길에 의해 다루심을 받고 있다

정확히 말하면 감옥이란 정비소에 들어와 있는 것이다. 나는 주일학교를 거쳐 평신도 생활을 거쳐 신학을 하고 목사가 되어 목회를 해 왔다. 신앙의 연수는 점점 늘어 갔다. 그런데 연수가 오래된 자동차가 고장이 자주 나듯, 신앙의 연수가 오래되면서 내 신앙에 고장이 자주 일어나는 것을 경험했다. 제때제때 신앙의 점검을 자주 받지만, 눈에 보이지 않는 영적 고장은 자꾸만 늘어만 갔다. 불순종과 자만의 고장…. 탐욕과 욕심의 고장…. 교만과 이기심의 고장…. 율법과 정죄의 고장…. 강퍅함과 용서하지 못하는 고장…. 사랑하지 못하고 배려하지 못하는 고장 등…. 이렇듯 눈에 보이지 않는 고장들이 자꾸만 늘어만 갔다.

결국, 하나님께서는 나를 폐기 처분하시기로 작정하시고 필리핀 감옥이란 정비소로 입소시켜 주셨다. 나는 내가 타고 다니던 봉고

차가 나의 손발이 되어 주던 자동차를 폐차시킬 때 참 마음이 섭섭하고 안타까웠다. 비록 수리비를 감당 못 해 차를 폐차시키지만, 2년 동안 정도 들고 해서 좀 아쉬웠다. 그런데 폐차 직원이 봉고차를 끌고 가면서 이런 말을 했다. 폐차 직전의 차를 분해하여 쓸 만한 부품이나 사용 가능한 부속들은 다시 손을 봐서 재활용한다고….

하나님께서 나를 폐기 처분하시기로 작정하시고 나를 이 감옥에 보내실 때 얼마나 마음이 아프셨을까? 그래도 감사한 것은 내 비록 폐기 처분당했지만, 하나님께서는 쓸 만한 부분들을 골라내시어 성령의 손길로 작업을 해 주시고, 재활용의 기회를 주시고 계시다는 것이다.

나의 모든 것이 다 폐기 처분당했어도 그것 때문에 다시 살아날 수 있으니 은혜요, 감사다. 이제 아무것도 할 수 없고 아무런 힘도 없지만, 그것 때문에 내가 재활용의 기회를 얻었으니 감사하다.

이제 하나님께서 내 영혼을 만지시고 다루시고 계신다. 성령님에 의하여 작업하고 계시다. 이제 이 감옥이란 정비소에서 나가서 한국에 돌아가면 옛날처럼 고장 날 이유는 없겠지.

나의 한 가지 소원이 있다면 하나님 앞에 도착하는 그 날까지 고장 없이 잘 운행하는 것이다. 내 인생의 자동차의 수명은 그리 길지 않다. 지금까지 운행한 날보다 앞으로 운행할 날이 더 짧다.

'주님! 내 인생에 자동차 운행할 날이 그리 길지 않습니다. 고장

없이 운행하다, 고장 없이 하늘나라에 가고 싶습니다. 주님! 제 인생의 핸들을 잡아 주옵소서.'

2016년 8월 12일

오늘은 네 분의 목사님들께서 구치소를 방문해 주셨다. 물론 기쁜 소식은 가지고 오시지는 않았지만, 오셔서 구치소에 들어가는 생활비를 주고 가셨다. 지난 7월 13일 이후, 한 달 만에 오셨다. 그동안 수고를 아끼지 않으시는 석방 대책위원 목사님들과 사모님들께 다시 한 번 감사드린다.

다음 재판일이 8월 31일이다. 아직 어떠한 윤곽도 없고 판사의 결정만 기다리는 입장이다. 나는 지금이라도 판사가 정의로운 판단을 해주기를 바랄 뿐이다. 8월 31일, 결정을 해 줘서 석방시켜 줬으면 하는 바람뿐이다. 하나님께서 판사의 마음을 움직여 주사 결정이 잘 났으면 좋겠다. 여기의 상황은 그 어떤 것도 단정할 수 없고, 변수가 항상 도사리고 있어서 마음을 놓을 수가 없다.

📓 2016년 8월 15일

　　　　오늘은 하루 종일 비가 내린다. 하나님께서 내 마음을 아시고 나를 위로해 주시기 위하여 비를 내려 주고 계신다. 은혜의 단비가 내리고 있다. 내리는 저 빗방울을 바라보며 하나님께 회개하고 또 회개하고 있다.

　오늘은 내 영혼 속에 은혜의 단비가 내리고 있다. 은혜의 단비를 맞는 저 나무들의 생명이 소생하고 열매를 맺듯이, 내 영혼을 소생시키는 은혜의 단비는 오늘도 내 영혼 위에 하염없이 내리고 있다.

　오늘이 2016년 8월 15일이다. 그러고 보니 한국의 광복절이다. 필리핀 감옥에서 3년 4개월을 있다 보니 한국이 더욱 그리워진다.

　조금만 주님 음성에 귀 기울였더라면 나에게 이런 일은 일어나지 않았을 텐데…. 조금만 주님 말씀에 순종했더라면 나에게 이런 일은 일어나지 않았을 텐데…. 참으로 가슴을 치며 통탄할 일이다. 그래서 오늘 나는 하나님 앞에 회개하고 또 회개하고 있다. 어떻게 보면 내가 감옥에 들어온 것이 축복일 수도 있다. 내 영적 쇄신을 위하여 허락하신 하나님의 은혜일 수도 있다.

　그리고 8월 31일 재판을 앞두고 오늘도 간절히 기도한다. 판사의 정의로운 판단으로 31일에 석방 판결이 나올 수 있기를 간절히 바랄 뿐이다. 8월 31일, 내가 석방되는 것은 하나님의 영광이 선포되는 것이다. 이제 석방되어 한국에 돌아가면 나의 모든 직분, 사역을 다 내려놓고 평신도로 돌아가 조용한 곳에 가서 조용히 살고 싶다.

하나님께서는 36년간 일본의 압제 아래 있던 대한민국을 해방시켜 주셨다. 그 날이 1945년 8월 15일, 광복절이다. 나는 광복절 날 필리핀 감옥에서 이 글을 쓰고 있다. 71년 전 오늘, 대한민국 백성들이 일본의 압제에서 해방의 기쁨을 누렸듯이 나는 14일 후 3년 4개월 동안 겪었던 감옥의 압제에서 벗어나 해방의 기쁨을 맞이할 것이다. 14일 후를 기대하며 오늘도 하나님께 감사함으로 나아간다.

2016년 8월 17일

2013년에 엥겔레스 구치소로 이송된 후, 지금까지 3년이 넘도록 11번 방에 있었다. 그런데 오늘 21번 방으로 옮겨왔다. 마약 사범들과 일반 사범들을 분리 수감한다는 구치소 방침에 따른 것이다.

엥겔레스 구치소는 비좁고 낙후되어 있다. 구치소 전체 수용 인원이 6백 명인데, 지금 현재 5배가 되는 3천 명이 수용되어 있다. 감방은 총 24개이고, 각 감방 수용 인원은 약 30명인데 4배 이상을 초과한 120명 이상이 감방에서 생활한다. 상상이 가지 않는 끔찍한 현상이다. 한국 사람들의 상식으로는 이해할 수도 없고, 이해도 되지 않는 상황이다. 눈으로 직접 보지 않고 직접 경험해 보지 않는 이상, 믿기 어렵고 믿어지지도 않는다. 이것이 현재 필리핀 교도소 구치소의 실태다. 인권이란 전혀 없고, 마치 개나 돼지를 사육하는 사육 현장이라 생각하면 조금은 이해가 될 것이다.

참고로 필리핀 대통령이 투테르트로 바뀌면서 마약과의 전쟁을 선포하고 경찰들에게 총기 사용 허가를 했다. 그 이후로 마약과 관련이 있는 사람들을 하루에 100~200명씩 죽인다. 공식적으로 방송에 나온 숫자가 100~200명이지 방송에 나오지 않은 숫자까지 포함하면 그 이상이다. 그리고 계속 마약 사범들을 붙잡아 구치소에 집어넣는다.

구치소는 4배가 넘는 초과 인원인데, 계속해서 사람들이 붙잡혀 구치소로 들어오니 감당이 안 된다. 궁여지책으로 마약 사범과 일반 사범을 분리해서 수용하려고 하니 나도 11번 방에서 21번 방으로 옮기게 된 것이다.

이렇게 필리핀 정부에서는 구치소에서 알아서 운영하라는 식으로 나오고, 구치소에서는 수감자들의 돈을 뜯어먹으며 파렴치한 운영을 하고 있다. 특히 외국 사람들은 완전 봉이다. 외국 사람들의 돈을 뜯어내는 것이 이들에겐 큰 자부심으로 다가가고 있으니 이들의 국민성을 한눈에 보는 것 같다.

2016년 8월 30일

오늘이 8월 30일이다. 이제 내일이면 31일, 8월의 마지막 날이다. 하나님께서 9월이 시작되기 전에 나를 석방시켜 주실 것이다. 그러므로 나는 내일 석방 판결이 나올 줄 믿는다. 3년 4개월의 훈련이 끝나는 날이 내일이다. 참으로 길고 어두운 터널을 지나왔다. 힘겹게 죽음의 강을 건너왔다. 지금 내가 살아 있는 것을 보니 모두 다 하나님의 은혜임을 고백하지 않을 수 없다. 하나님께서 허락하신 시간 속에서 훈련받은 축복의 시간이었다. 몸이 더 이상 아프지 않고 견딜 수 있어서 감사하다. 이제 석방되어 한국에 돌아가면 몸도, 마음도 주님의 은혜로 치유되고 회복되겠지. 글을 쓰는 것이 오늘이 마지막이 됐으면 좋겠다.

그동안 써 놓은 글들이 꽤 된다. 성경 읽다 글 쓰고, 기도하다

글 쓰고, 주님께 회개하며 글 쓰고, 하나님께 통회자복하며 글 쓰고…. 부족하고 부끄러운 나의 신앙고백이다.

이 부족하고 부끄러운 개인의 신앙고백들이 책으로 만들어져서 힘들고 지친 영혼, 절망과 좌절 속에서 눈물 흘리는 영혼, 고난과 고통 속에서 몸부림치는 영혼들에게 조금이라도 힘과 용기가 되어 주었으면 좋겠다. 하나님의 사랑하심과 위로하심을 체험할 수 있었으면 좋겠다. 하나님께서 허락하신다면 모든 환경과 여건을 열어 주시고 만들어 주실 줄 믿는다.

다윗이 던진 물맷돌은 하찮은 보잘것없는 돌멩이다. 그러나 하나님께서는 그 하찮고 보잘것없는 돌멩이를 사용하여 주셔서 골리앗을 무너뜨리셨다. 감옥 안에서 써 놓은 이 글들이 하찮고 보잘것없지만, 하나님께서 이 글들을 사용하여 주셔서 한 영혼이라도 하나님 앞으로 인도될 수 있다면 그것보다 큰 영광은 없을 것이다. 이 글이 하나님 영광을 위해 쓰임 받기를 원하며 오늘도 나는 기도하고 있다.

그리고 나는 이 엄청난 훈련을 통해서 새롭게 하나님을 만날 수 있었고, 새롭게 주님의 사랑을 체험할 수 있었고, 그 사랑 속에서 견디고 이겨 낼 수 있었다. 이젠 지난 모든 세월 다 잊고 주님의 은혜로 치유 받고 회복되어 새롭게 다시 시작하면 된다. 내가 감옥에 있는 동안 복잡하고 엉클어진 현실적인 문제들…. 이젠 하나하나수습하며 살아가면 된다. 앞으로 현실적인 문제들이 아무리 어려워도 내가 그동안 훈련받은 것에 비하면 아무것도 아니다.

2016년 8월 31일

감옥에서 글을 쓰는 것이 끝날 줄 알았는데 또다시 펜을 들었다. 오늘 재판에 다녀왔다. 변호사가 신청해 놓은 증거불충분 석방 신청이 사실상 기각된 셈이다. 아직 판사의 어떤 결정도 나온 것은 아니지만….

사실 오늘 내 변호사와 검사는 심한 논쟁을 했다. 변호사의 말은 이렇다. 보석도 기각시키고 증거불충분 석방을 신청한 지 꽤 오랜 시간이 지났는데 왜 석방시키지 않느냐는 것이다. 증인들이 이연호는 이 사건과 관련이 없다고 증언했고, 이연호가 이 사건과 관계가 없다는 것이 입증되었는데 지금까지 아무런 결정을 하지 않는 것은 이해할 수 없다고 강력히 어필했다.

그러나 담당 검사는 "지금 재판이 진행 중이고 심사를 하고 있지 않으냐?"라는 식의 말을 했다. 사실상 검사는 이 사건이 종결될 때까지 나를 석방시키지 않겠다는 의도를 드러낸 셈이다. 비양심적이고 비도덕적인 뿌리가 깊이 박혀 있는 필리핀의 검사와 판사들의 전형적인 모습이다. 참으로 참담하고 답답하지만, 필리핀 법을 다루는 이들의 행태를 두고 볼 수밖에 없다. 기다려 볼 수밖에 없다.

나는 무거운 마음으로 구치소로 돌아오는 호송 버스 안에서 하나님께 기도했다. 부정직하고 부패한 담당 검사를 불쌍히 여겨 주셔서 그들을 용서하여 주시고, 하나님을 두려워할 줄 알게 해달라고….

어떠한 원망도, 분노도 없다. 그전처럼 깊은 절망과 허물어지는 마음도 없다. 지금보다 더 몸이 아프지 않았으면 좋겠다고 생각할 뿐이다. 빨리 마음에 안정을 찾고 모든 걸 다 잊자…. 그리고 편안하게 견디자. 어쩔 수 없는 현실에 묶여서 괴로워하거나 슬퍼하지도 말자. 오히려 마음이 홀가분하다. 가슴 조이고 피가 마르며, 기다렸던 기대가 없어지니 편해졌다. 그냥 편안한 마음으로 좀 더 지켜보자.

'주님! 검사, 판사를 불쌍히 여겨 주옵시고, 그들을 용서하여 주옵소서. 그들에게 긍휼함을 베풀어 주옵소서. 그리고 제게도 동일한 은혜를 베풀어 주옵소서.'

2016년 9월 15일

오늘은 한국의 고유 명절인 추석이다. 감옥에서 네 번째 맞이하는 추석이다. 그동안의 훈련 속에서 나는 나의 전적인 무능함과 악함을 보았고, 깊은 절망 속에서 주님의 은혜를 체험했고, 분노와 싸우며 심한 영적 싸움도 했다. 석방에 대한 기대가 무너질 때마다 온몸이 부서지는 아픔을 느끼기도 했다. 3년이 넘도록 감옥에서 나가 보려고 몸부림쳤지만, 한번 걸려든 올무에서 빠져나올 수가 없었다. 이런 과정에서 인간의 나약함과 연약함을 체험도 했다.

이제 3년 5개월의 훈련 과정에서 분노의 벽을 넘어 용서와 사랑의 주님 마음을 알았고, 하나님의 사랑 안에서 인내와 감사의 의미도 알았다. 이제 또다시 한 가닥 희망을 바라보며 필리핀 감옥에서 네 번째 추석을 맞이하고 있다. 이번 추석이 감옥에서 보내는 마지막 추석이 될 수 있기를 간절히 기도한다. 2017년 추석은 한국에서 맞이하고 싶다.

오늘 같은 날은 참 마음이 무겁고 우울하다. 극심한 외로움 속에서 마음이 다져진 줄 알았는데…. 왠지 오늘은 아주 외롭고 괴롭다. 주체할 수 없이 눈물만 흐른다. 추석날이라 마음이 기쁘고 즐거워야 하는데….

왜일까…? 내가 한국을 떠나오던 2012년 12월 21일, 그날은 흰 눈이 펑펑 내리고 있었다. 하늘에서 내려 주는 축하를 받으며 나는 한국을 떠나 필리핀으로 왔다. 그런데 이렇게 한국 출발 이틀을 남겨 놓고 감옥에 들어올 줄이야…. 그 누가 생각했겠는가! 그리고 엄청난 누명을 쓰고 3년 5개월이 넘도록 감옥에 있을 줄 누가 알았겠는가!

나는 철저하게 주님의 음성을 무시하는 잘못을 저질렀고 결국 감옥에 들어오게 되었다. 이런 엄청난 일을 당하게 된 것은 두말할 이유도 없이 내 잘못이다. 아직 포기하지 말고 올해 안에 석방시켜 주실 것을 믿음으로 바라보며 희망의 끈을 놓지 말자.

추석날 기쁘게 웃자. 마음이야 착잡하고 우울하지만, 석방을 바라보며 마음을 추스르고 마음을 정리하여 얼마 남지 않은 훈련 기간, 인내함과 감사함과 순종함으로 견디고 이겨내자.

2016년 9월 18일

자동차 핸들만 잡고 앞으로 진행한다고 모범운전자가 아니다. 자동차 기능을 잘 알아야 하고 정기적으로 정비를 잘

해야 하고 교통법규를 잘 지켜야 한다. 빨간 신호등에서는 서야 하고, 녹색 신호등에서는 진행해야 하고, 스쿨존에서는 서행해야 하고, 횡단보도에서는 일단 멈춰서 좌우를 잘 살펴야 한다. 눈비가 올 때에는 안전거리를 유지해야 하고, 안개가 자욱할 때에는 속도를 줄여 안전운전을 해야 하고, 빙판길에서는 운행을 하지 말아야 한다. 이것이 운전자의 책임과 의무다.

운전자의 책임과 의무를 다하지 않고 자동차를 운행한다면 본인도 피해를 당하고 남들에게도 피해를 입힌다. 이런 책임을 다하지 않는 운전자는 직무유기로 처벌을 받는다.

나는 내 인생의 자동차를 57년 동안 운전해 왔다. 그런데 나는 운전자로서 책임과 의무를 다하지 못하고 직무유기를 해 왔다. 그래서 지금 필리핀 감옥이라는 정비공장에 들어와 있다. 그것도 3년 5개월째 정비를 받고 있다.

이렇게 하나님께서 내 인생의 자동차를 정비하고 계시다. 정비가 안 된 자동차를 운행하면 언제 어느 때, 어떤 대형 사고가 일어날지 모른다. 그래서 하나님께서 대형 사고를 막아 주기 위해 내 인생의 자동차를 감옥 정비공장에 입소시키셨고, 하나님의 손길에 의해서 정비를 받게 하셨다.

정비공장에 들어와서 깨닫고 보니 지금이라도 정비공장에 들어온 것이 감사하다. 교만 주유소에서 교만 기름을 채우고, 오만 주유소에서 오만 기름을 채우고, 교통법규를 위반한 채 고장 난 부품을 가지고 앞으로 달려만 갔다. 내 열심과 내 의를 드러내기 위해 죄악의 핸들을 잡고 내 인생의 자동차를 운행해 왔다. 한 치 앞도 알 수 없는 도로를 마치 잘 아는 도로인 것처럼 거짓과 위선의 핸들을 잡고 내 인생의 자동차를 운행해 왔다.

그래서 나는 지금 하나님의 손길에 의해 정비를 받고 있다. 자동차를 만든 사람이 자동차에 대해서 잘 알 듯, 하나님께서 내 인생의 자동차를 만드셨으니 하나님께서 세심하게 정비를 하고 계시는 것이다.

닦고, 조이고, 기름칠하고, 뽑고, 다듬고, 뜯어내고, 잡아내고…. 모두 새 부품으로 교체하고 계신다. 교체할 것이 너무 많아 시간이 좀 오래 걸리는 것 같다.

그러니 모든 게 전적인 주님의 은혜요, 사랑이다. 나 같은 죄인을 살려 주시고, 용서해 주시고, 구원의 선물을 주셨으니 그저 감사할 뿐이다. 언제 정비가 끝나 출고될지 지금은 알 수 없다. 언젠가는 모든 정비가 끝나, 이 감옥의 정비공장을 떠나 한국에서 또다시 내 인생의 자동차가 운행되겠지.

이번 정비를 통해서 하나님께서는 내 인생의 자동차 성능을 더 높여 주시고 업그레이드시켜 주실 줄 믿는다. 주님의 내비게이션까지 장착해 주실 줄 믿는다.

이제 내 열심이 아닌, 내 의가 아닌, 내 노력이 아닌 오직 주님의 내비게이션에 귀 기울여 주님께서 인도해 주시는 길로만 운행해야겠다. 그 길이 천국 가는 길이니 천국 들어가는 그 날까지 천국 핸들을 꼭 붙잡고 운행해야겠다.

♪ 2016년 10월 10일 _ _ _ _ _ 엥겔레스 구치소에서 드리는 고백

3년 6개월 동안 필리핀 감옥에서
하나님은 저에게 많은 것을 가르쳐 주셨습니다.
하나님께서는 저를 훈련시키기 위해
필리핀 사람들을 사용하셨습니다.
어떤 사람들은 악의 도구로 사용하셨고
어떤 사람들은 사랑의 도구로 사용하셨습니다.
세월이 지난 지금 저는 하나님 앞에 어떤 말도 할 수 없습니다.
그냥 감사뿐입니다.

그토록 그리워하며 사모하던,
육의 눈으로는 절대 볼 수 없는
하늘의 보화를 보았고
영적 진리 안에서 영원한 안식의 행복도 맛보았습니다.
인내할 줄 모르는 나에게
주님은 인내하는 법을 가르쳐 주셨고
죽지 못하는 나에게
주님은 십자가 죽음의 의미를 가르쳐 주셨습니다.
내려놓지 못하는 나에게
주님은 비우는 법을 가르쳐 주셨고

순종 못 하는 나에게

주님은 순종의 진정한 의미가 무엇인지 가르쳐 주었습니다.

사랑이 무엇인지 알지 못하는 나에게

주님은 십자가 사랑의 진정한 의미를 알려 주셨고

용서가 무엇인지 알지 못하는 나에게

십자가 용서의 의미를 깨닫게 해 주셨습니다.

속고 속이는 이 세상에서 주님은 진정한

진리를 알게 해 주셨고

행복이 무엇인지 알지 못하는 나에게

주님은 진정한 행복이 무엇인지 알게 해 주셨습니다.

주님은 나에게 세상의 묶여 있는 것에서 풀어 주시고

진정한 자유가 무엇인지 깨닫게 해 주셨습니다.

처음부터 속이는 마귀에 속아 살아온 것을 회개합니다.

육신의 정욕에 속고

안목의 정욕에 속고

이생의 자랑에 속으며 살아온 것을 회개합니다.

물질에 속고

명예에 속고

권세에 속아 살아온 것을 회개합니다.

나를 구원해 주시고
나를 용서해 주신
이제 예수그리스도 안에서
참 평안과 진정한 자유가 있음을 깨닫고
주님 사랑 안에서 진정한 행복도 맛보았습니다.

내 남은 인생
주님과 동행하며 살길 원하오니
주님, 나를 인도하여 주옵소서.
주님 내 손잡아 주시어 더 이상 세상에 속지 않도록
붙잡아 주옵소서.
3년 6개월 동안 받은 이 훈련이 제 인생에 있어서
밑거름이 되고 교훈이 될 수 있도록 인도하여 주옵소서.
주님 외에 그 무엇도 탐하지 않게 하옵시고
주님 외에 그 어떤 것에도 유혹되지 않게 하옵소서.
오직 주님만 탐내고
주님만 바라보게 하옵소서.

주님!

불쌍한 이 영혼을 받아주시어

천국 들어가는 그 날까지 인도하여 주옵소서.

하나님은 아프게 하시다가 싸매시며 상하게 하시다가 그 손으로 고치시나니 여섯 가지 환난에서 너를 구원하시며 일곱 가지 환난이라도 그 재앙이 네게 미치지 않게 하시며 (욥5:18-19)

♪ 2016년 11월 13일 _ _ _ _ _ 엥겔레스 구치소에서 드리는 고백

나에게 일어난 이 모든 일들 위에
하나님이 계신다.
3년 7개월 동안 감옥에 놔두시는
하나님의 뜻은 무엇일까.
나는 지금 무엇을 구해야 하며
무엇을 어떻게 해야 할까.
하나님께서 하시는 일들을 나는 알 수도 없고
도무지 깨달을 수도 없다.
나는 지금 이 감옥에서 하나님의 뜻을 알아
순종하는 것이 아니라
하나님의 뜻을 모르기 때문에
순종하는 법을 배우고 있다.

다음 달이면 3년하고도 8개월….
3년 8개월 만에 석방시켜 주시면 감사하고
4년 만에 석방시켜 주셔도 감사하고
5년 만에 석방시켜 주셔도 감사하다.
내 입을 열어 '왜'냐고 할 수도 없고
내 입을 열어 '무엇 때문'이냐고 할 수도 없다.
나는 하나님 앞에 아무 말도 할 수 없다.

죽음을 통해 부활의 영광에 참여할 수 있어서 감사하고
고난을 통해 아버지의 생명과 하나 될 수 있어서 감사하고
절망 속에서 천국 소망을 가질 수 있어서 감사하다.
한 치 앞도 볼 수 없고
한 치 앞도 알 수 없는
이 무지한 인생….
지금 이 상황 속에서
주님의 뜻을 알 수는 없지만,
오늘 하루의 순종함으로 나아가고 있다.

현실의 두려움에서 벗어나
구원의 반열에 참여할 수 있으니
오늘도 십자가 바라보며
아버지의 뜻을 이루어 드린 예수님을 묵상한다.
그때와 시간은 나는 알 수 없지만,
하나님의 시간에 맞춰
하나님께서 나를 석방시켜 주실 줄 믿고
믿음으로 순종하며 나아간다.

♪ 2016년 11월 25일 _ _ _ _ _ 엥겔레스 구치소에서 드리는 고백

나에게 엄청난 누명을 씌우고 감옥에 보낸
필리핀 사람들….
나는 그들을 용서하고 사랑해야 한다.
그들을 위해서가 아닌
나 자신을 위해서다.
물론 내게 누구를 용서할 수 있는 자격은 없다.
나 또한 하나님과 사람들 앞에서
결백할 수 없는 죄인이기 때문이다.
내가 용서하고 사랑한다는 의미는
나 자신이 주님께 치유 받는다는 의미다.
지나간 시간 속에 묶여서 나 자신을 괴롭게 할 수는 없다.
나의 아픈 마음, 상한 영혼이 주님께 치유 받는 것이
곧 용서이기 때문이다.
그리고 용서가 곧 치유이기 때문이다.

주님은 이렇게 말씀하신다.
"너는 악을 갚겠다 하지 말고 나를 기다려라.
내가 너를 구원하리라."
내가 감옥에 들어오지 않았더라면
나는 아마 더욱 교만해졌을 것이다.

나는 한국에서 목회할 때
율법적 목회를 했고
내 의를 더 드러내기 위해 목회를 했고
내가 더 영광 받기를 원했고
사람들이 나를 어떻게 생각하는가에 더 관심이 많았고
하나님께 인정받기보다는
사람들에게 더 인정받으려고 했다.
그래서 이 시대의 바리새인이 되어서 목회를 했다.
내가 감옥에 들어오지 않았더라면
아마 이런 것들을 깨닫지 못했을 것이다.

그래서 감옥이 오히려 고맙게 느껴진다.
나는 지금 나에게 엄청난 누명을 씌우고
나를 감옥으로 보낸 필리핀 사람들을 위해서,
그 영혼들을 위해서 기도하고 있다.
주님의 마음으로
그들을 사랑할 수 있게 해 달라고 기도하고 있다.

지금 내 마음의 무거운 짐들이 벗겨지는 것 같다.

상한 감정에 묶여 있던 나의 마음이
무거웠던 나의 마음이
주님의 은혜로 치유되는 것 같다.
지난 시간은 지난 시간일 뿐이다.
아직 언제 석방될지 알 수는 없지만,
주님께서 석방시켜 주시는 그 날까지
평안과 감사로 이 훈련을 잘 받자.

석방의 그 날을 바라보며,
오늘도 감사함으로 나아가고 있다.
감옥이여, 고맙소!

> 내 영혼을 소생시키시고 자기 이름을 위하여 의의 길로 인도하시는 도다 (시23:3)

♪ 2016년 11월 28일_ _ _ _ _ 엥겔레스 구치소에서 드리는 고백

주님, 나는 사울과 같은 사람입니다.
나는 주님의 말씀을 버렸고
내 욕심을 위해
내 방법대로 살았습니다.
내 욕망을 위해
내 생각대로 살았습니다.

주님, 나는 요나와 같은 사람입니다.
나를 위해 이기적인 삶을 살았고
주님의 말씀에 불순종했습니다.
완악하고 교만한 삶을 살아왔습니다.

주님, 나는 가룟 유다와 같은 사람입니다.
물질에 눈이 어두워
예수 이름을 팔았고
부귀영화 누리려
예수 이름을 팔았습니다.

주님!

이 죄인을 용서하옵소서.
나를 용서하신 십자가 보혈로
내 영혼을 씻어 주옵소서.
주님의 한없는 사랑으로 채우사
순종의 삶을 살게 하옵소서.

> 여호와여 내가 수척하였사오니 긍휼히 여기소서 여호와여 나의 뼈가 떨리오니 나를 고치소서 (시6:2)

2016년 12월 14일

오늘은 재판에 다녀왔다. 오늘로써 모든 재판은 끝났다. 3년 8개월 만에 재판이 끝난 것이다. 이제 판사의 최종 판결만 남았다. 유죄냐, 무죄냐의 판결이다. 오늘로부터 60일 이내에 판결이 나온다고 한다. 판사의 결심에 따라서 빨리 나올 수도 있고, 늦게 나올 수도 있다고 한다.

법정 판결 기간 60일을 다 채우면 내년 2월 14일이다. 이번에는 판사의 양심으로 정의로운 판결을 해 주기를 바랄 뿐이다.

참으로 힘들고 어려운 싸움을 해 왔다. 이제 모든 것 다 잊고 깨끗이 잊어버리고 가벼운 마음으로 한국에 돌아가면 된다. 감사함으로 두 달만 견디면 된다. 하나님 앞에서 훈련받은 이 4년여의 기간을 내 인생에 교훈 삼아, 내 남은 인생도 하나님 앞에서 잘 마무리 하고 싶다.

남아 있는 내 짧은 인생, 주어진 환경과 여건 속에서 최선을 다해 열심히 살아가면 된다. 나는 40여 년 신앙생활을 하면서 평신도 전도왕 상까지 받아가며 열심히 살았고, 신학을 하고 목사가 되어 개척 목회를 하면서 나름대로 열심히 하나님의 일을 한다고 생각했다.

그런데 지금 생각하니 모두 다 내 열심이었고, 내 열정이었다. 하나님의 열정과 하나님의 열심이 아닌 내 노력에 불과했던 것이다. 모두가 내 의였던 것이다.

앞으로 내 인생에 주어지는 여건, 환경, 조건이 어떠하든 내 열심이 아닌 하나님께서 주시는 열심으로 순종하며 나아갈 것이다. 지금까지 다 벗어 버리고 내려놓는 훈련을 받았으니 조용히 내 인생을 마무리하면 된다.

지금이라도 깨닫게 해 주신 하나님께 감사드린다. 과거, 현재, 미래 모두 다 하나님의 것이다. 하나님의 것을 가지고 슬퍼하거나 노여워할 것 없다. 죽음의 문턱을 네 번씩 다녀오며 혹독한 훈련도 받았으니 앞으로 내 인생을 살아가는 데 많은 교훈과 도움이 될 것이다.

하나님께서 나를 이 감옥에 보내 주시고 이 지독한 훈련을 받게 하신 이유는 내 영혼을 다루시기 위함일지도 모른다. 잃어버린 한 영혼을 찾으시는 하나님께서 구원받아야 할 내 영혼을 불쌍히 여겨 주시고 내 영혼의 훈련 방법을 위해 이런 역사를 행하셨는지도 모른다. 이제 남은 두 달 동안 훈련을 잘 받고 잘 마무리하자. 하나님께 영광 돌리자.

2016년 12월 21일

오늘은 박원철 목사님, 홍양순 목사님, 강명숙 사모님께서 구치소를 방문해 주셨다. 3년 동안 나를 여전히 잘 돌봐주고 계신다. 기도와 물질, 한국 음식, 생활비 등…. 사실 선교사님들은 바쁜 사역과 일정 속에서 구치소 한 번 방문하기가 그리 쉽지 않다. 그럼에도 불구하고 3년 동안 변함없이 나를 도와주고 계신다. 정말 하나님의 은혜다. 오늘 강명숙 사모님은 한국 음식을 정성껏 마련해서 가지고 오셨다. 그분들은 아마 내년 2월 즈음에는 석방될 것이라는 생각들을 하고 계시는 것 같다.

물론 변수가 남아 있다. 여기는 장담할 수도 없고, 확답할 수도 없는 곳이니까. 구치소 문을 나서야 비로소 석방이다. 참으로 4년 가까이 힘들고 어려운 싸움을 해 오고 있다.

사실 나는 이 사건과 관련이 없고 이 사건에 대해서 아무것도 모르기 때문에 어찌할 수가 없다. 그래서 개인적으로 변호사를 선임하여 억울하게 누명을 썼다는 것을 말하는 것뿐이다. 그리고 이 사건 당사자가 2016년 2월 16일 체포되어 함께 재판을 받고 있고, 나는 이 사건과 관련이 없다는 것이 입증되었다.

그런데 엥겔레스 검사 판사는 나를 끝까지 볼모로 잡아 놓고 석방을 시키지 않고 있다. 무슨 속셈인지 알 수는 없지만, 밖에서는 내년 2월쯤이면 석방되지 않을까 하는 의견들을 가지고 있다. 내년 2월이라도 석방되었으면 좋겠다. 정말 변수가 생기지 말았으면 좋겠다.

누구를 미워하고 원망할 필요도 없지만, 지난 시간들을 빨리 잊고 한국에 돌아가 다시 새롭게 시작하고 싶다. 필리핀 중부루손 선교사협의회의 모든 선교사님, 사모님들께 감사드리며 석방대책위원 목사님들께 감사드린다. 오늘 방문해 주신 세 분께도 다시 한 번 감사드린다. 석방되는 그 날을 기다리며 오늘도 감사한다.

♪ 2016년 12월 30일 _ _ _ _ _ 엥겔레스 구치소에서 드리는 고백

한 해의 끝자락에 서서
또 한 해의 시작점을 바라본다.
영원부터 영원하신 하나님의 시간 속에서
나의 시작은 무엇이고
나의 끝은 무엇인가….
속절없이 시간은 흘러가고
감옥 생활, 어언 4년이 다 되어 간다.
무엇을 해야 하며
어떻게 해야 할 것인가.
만감이 교차한다.

마음이 무겁다.
정신없이 흑암 속으로 빨려 들어가는 기분이다.
한 달도 견딜 수 없었던
이 감옥의 환경 속에서
4년이란 세월이 흐르고 나니
참으로 신기할 따름이다.
두말할 필요 없이 하나님의 은혜다.

2016년의 끝자락에서

또 한 가닥 희망을 바라본다.

내 마음속에 희망을 만들어 주시는 것,

주님의 은혜다.

끝자락의 절망은 또 다른 희망의 시작일 뿐이다.

지금까지 살아온 내 인생 가운데

지금은 절망이지만,

또 다른 시작점은 희망일 것이다.

나는 지금 그 희망을 바라보고 있다.

아니, 그 희망이 만들어지고 있다.

2013년의 끝자락에서

2014년에는 석방될 것이라는 희망을 바라보았다.

2014년의 끝자락에서

2015년에는 석방될 것이라는 희망을 바라보았고

2015년의 끝자락에서

2016년에는 석방될 것이라는 희망을 바라보았고

2016년의 끝자락에서

2017년도에는 석방될 것이라는 희망을 바라보고 있다.

허물어지는 마음을 부여잡고 희망을 바라보았고
깊은 절망의 늪 속에서 희망을 바라보았고
고난과 고통 속에서 희망을 바라보았다.

4년이란 시간 속을 더듬어 보니
내가 한 것은 하나도 없다.
그냥 고통 가운데 허우적거린 것밖에 없다.
절망에 빠져 허우적거린 것밖에 없다.
마음이 허물어지는 것밖에 한 것이 없다.

그런데
하나님께서는 나에게 희망을 주시고 소망을 주셨다.
그래서 모든 게 하나님의 은혜다.
하나님의 은혜로 지금까지 4년의 세월을 견딘 것이다.
세상이 바라보는 육신의 죽음은 절망 같지만,
절망의 끝자락에서
영원한 하나님의 세계로 이어지는 소망이 있기에
나는 오늘도 희망을 바라보고 있다.
어느 곳에 있든, 어떤 환경에 처하든

앞으로의 시간들은 희망을 만들 수 있는 기회인 것이다.

한 해의 끝자락에서 모든 걸 다 털어 버리고
홀가분한 마음으로 석방의 그 날을 기다린다.
2017년도에는 석방되어
한국에 돌아갈 수 있다는 희망을 바라보며
나는 오늘도 희망을 노래한다.

나는 오직 주의 인자하심을 의뢰하였사오니 내 마음은 주의 구원을 기뻐하리이다 (시13:5)

제6장

2017년,
엥겔레스 구치소에서의 삶

2017년 1월 1일 _____ 엥겔레스 구치소에서 드리는 고백

2017년, 새해가 밝았다.
희망찬 새해가 시작되었다.
어두운 내 마음에 샛별이 떠오른다.
희망을 노래한다.
소망을 바라본다.
주님의 약속이 있는 곳,
의의 그곳을 바라본다.

2017년도에는

석방의 기쁨을 맛볼 것이며

주님의 영원한 빛이 임할 것이며

나에게서 슬픔이 끝날 것이며

상처받은 나의 마음이 치유가 될 것이며

포로 되고 억눌린 나의 심령이 자유함을 얻을 것이며

기쁨의 기름 부음이 나에게 넘쳐날 것이며

4년 동안 훈련받은 것이 헛되지 않을 것이며

다시는 고난이 임하지 않을 것이며

주님의 영광이 나에게서 떠나지 않을 것이며

나는 주님의 복된 자손이 될 것이다.

오늘도 주님을 찬양한다.

석방의 그 날을 바라보며

어두운 내 마음에 샛별이 떠오른다.

여호와는 나의 목자시니 내가 부족함이 없으리로다 (시23:1)

♪ 2017년 1월 2일 _ _ _ _ _ _ 엥겔레스 구치소에서 드리는 고백

2017년 새해가 밝았다.
2016년에는 석방되어 한국에 돌아갈 줄 알았는데
조금은 허탈하고 착잡하다.

감옥 안에서 참 많은 것을 깨닫고 느끼고 있다.
나는 지금 하나님 앞에서 아무 할 말이 없고
사람들 앞에서도 아무 할 말이 없다.
그냥 용서받아야 할 죄인의 모습으로 서 있다.
하루하루 하나님께 회개하며 지내다 보니
어느덧 4년의 세월이 흐르고 있다.
이 엄청난 훈련이 앞으로 내 인생에
밑거름이 되고 교훈이 되어
좋은 자양분이 되었으면 좋겠다.

앞으로 내 인생에 어려움과 고난이 왜 또 없겠는가.
살아가는 인생 자체가 고난이요, 훈련인 것을….
그럴 때마다
이 구치소 훈련을 생각하며 이겨내야 하지 않겠는가.

2017년 새해 아침에

나는 또다시 새롭게 다짐을 해 본다.
지난 모든 세월을 다 잊고
내 영혼에 자유함이 임했으면 좋겠다.
아직은 이 감옥에서 얼마나 더 있어야 할지 알 수는 없지만,
내가 석방될 때까지
내 몸과 마음과 영혼이 주님의 은혜로 치유 받고
홀가분한 마음으로 한국에 돌아갔으면 좋겠다.

이젠 미련도 후회도 없다.
지난 세월, 깨끗하게 다 잊고
새롭게 다시 시작하면 된다.
미움도 원망도 죄의식도 부정적 생각도
모두 주님의 은혜로 치유 받으면 된다.

한국과 필리핀의 많은 분께
사랑의 빚을 지고 있다.
어떻게 이 은혜를 갚아야 할지 마음이 무겁다.
나에게 도의적 책임을 지고 보상을 해줘야 할 사람은
오히려 적반하장으로 나오고,
그 뻔뻔함은 하늘을 찌르고 있는데….

정작 나하고 아무 상관도 없는 선교사님들께서

눈물의 기도와 물질과 음식으로 옥바라지를 하고 계시니….

이게 어떻게 된 상황인지 알 수가 없다.

하나님의 사랑이 아니면 어떻게 이런 일들이 일어날 수 있겠는가!

내가 갚지 못하는 이 사랑의 빚을

하나님께서 갚아 주시고

이분들을 축복해 주셔서 복된 길로 인도해 주시기를

간절히 기도할 뿐이다.

4년여 동안 참 많은 것을 잃었지만,

잃은 것은 세상 것뿐이나.

세상 것을 잃어버리고

하늘의 신령한 보화를 얻었으니

이보다 더 값진 것은 없다.

하늘의 보화를 주시려고

이런 것들을 깨닫게 하시려고

하나님께서는 나에게 이 모진 고난을 허락하신 것은 아닐까.

이 모든 게

세상 것에 미련을 두지 말고
천국 소망을 부여잡으라는
주님의 특별한 뜻일지 모른다.
육신이 끝나는 날까지
하늘 소망으로 나를 인도하시기 위한
주님의 특별한 배려일지 모른다.

> 주께서 생명의 길로 내게 보이시리니 주의 앞에는 기쁨이 충만하고 주의 우편에는 영원한 즐거움이 있나이다 (시16:11)

2017년 1월 7일 (엥겔레스 구치소에서 드리는 고백)

새해 들어 일주일이 지났는데
좀처럼 무거운 마음이 가라앉질 않는다.
빨리 안정을 찾아야 하는데
그저 답답하기만 하다.
자꾸만 안 좋은 생각들이 내 마음을 사로잡는다.

나는 지금까지 엄청난 영적 싸움을 하면서
훈련을 잘 받은 줄 알았는데
그냥 제자리걸음만 한 것 같기도 하다.
마음이 무겁고 안타깝다.
숙든지 살든지 온전히 주님께 맡기고
비우는 훈련을 받은 것 같은데
비운 것도 없고 맡긴 것도 없는 것 같아
참 마음이 무겁다.

2016년에는 석방될 줄 알았는데,
2016년도를 넘기면서 나도 모르게
실망과 허탈감에 마음이 허물어진 것 같다.
지금까지 나를 붙잡아 주시고 인도해 주신 주님의 은혜가 내가 석방되는 그 날까지 나를 인도해 주실 줄 믿는다.

하나님께서는 나의 형편과 처지를 잘 알고 계시니….
추운 겨울 12월보다
추위가 풀린 3~4월에 한국에 가는 것이 훨씬 좋다고
생각하고 계시는지도 모른다.
내가 생각해도 추운 겨울에
한국에 가서 벌벌 떨고 있는 것 보다
추위가 풀린 3~4월쯤에 한국에 가는 것이 훨씬 좋다.

그러니 조금만 더 참고 견디자.
막바지에 다 왔다.
이제 마지막 훈련이다.
지금까지 훈련을 살 받았다.
이제 와서 탈락하면 안 된다.
이젠 그 무엇도 생각하지 말고
그 어떤 것도 생각하지 말고
오직 감사하며 지내자.

지난 세월도 축복이요,

지금도 축복이다.

앞으로 내 삶의 여정도 하나님의 시간 속에서

이루어지는 축복이 아닌가.

오늘도 주님의 평안을 구하며….

> 나의 생전에 여호와를 찬양하며 나의 평생에 내 하나님을 찬송하리로다 (시146:2)

2017년 1월 8일

　　　　내 눈은 건강한 편이었다. 책을 보거나 글씨를 쓰거나 하는 일은 안경 없이도 가능했다. 그런데 필리핀 감옥에 들어와서 심한 정신적 충격과 스트레스를 받다 보니 육체 중에 눈부터 허물어지기 시작했다.

　그리고 서서히 몸이 허물어지기 시작했다. 그러면서 한 일 년쯤 되었을 무렵부터는 전염병과 질병이 한꺼번에 밀려오기 시작했고, 결국 감방 안에서 네 번씩 쓰러지며 사경을 헤매기도 했다. 정신을 잃고 쓰러졌을 때, 정신을 차리려고 안간힘을 썼다. 정신을 잃고 쓰러지면 그냥 개죽음이기 때문이다.

　그 밖에도 9가지 병마와 싸우며 견디어야 했고, 매일 통곡 속에서 영적, 육적 힘이 모두 소진되는 것을 경험해야 했다. 숨 쉬는 것이 그저 탄식이요, 통곡이 되었던 지난 세월들….

　이곳 구치소의 환경은 여전히 지옥보다 더한 곳이다. 나를 죽음으로 몰아넣기에 충분하다. 이런 환경 속에서 하나님께 회개하고 통곡하고 탄식하는 가운데 시간은 어김없이 흘러 1년이 지나고 2년이 지나고 3년이 지나고 4년이 되어 간다.

　지금은 영적으로 육적으로 많이 회복이 되었다. 지금 내 몸은 병마와 싸운 흔적들이 훈장처럼 남아 있고 내 마음의 상처도 깊어져 있지만, 석방되어 한국에 돌아가면 모두 치유되고 회복될 것을 믿는다.

나는 지금 이곳 구치소 안에 있는 사람들을 위해 기도하고 있다. 어두움의 영에 묶여서 살아가고 있는 이 사람들에게 생명의 복음이 들어갈 수 있기를…. 이 영혼들을 위해 기도하고 있다. 이 영혼들을 불쌍히 여겨 달라고 기도하고 있다.

4년이란 세월이 흐른 지금, 이렇게 글을 쓰고 있으니 이 또한 주님의 은혜다. 끝까지 잘 참고 인내하여 석방의 기쁨 맛보자.

고난도 주님의 은혜이고, 아픔도 주님의 은혜이고, 상처도 주님의 은혜이고, 고통도 주님의 은혜이니 지난 세월 모두 다 잊고 새롭게 다시 시작하면 된다.

나의 죄와 허물을 용서해 주시고 약속의 땅으로 인도해 주셔서 천국에 들어길 수 있도록 해주셨으니 감사요, 축복이다. 그 축복을 누리다가 영원한 축복 안으로 들어가면 얼마나 큰 영광인가. 주님께 모든 영광 돌린다.

♪ 2017년 1월 10일 _ _ _ _ _ 엥겔레스 구치소에서 드리는 고백

"내 생각은 너희 생각과 다르며
내 길은 너희 길과 다르다.
이는 하늘이 땅보다 높음같이
내 길은 너희 길보다 높으며
내 생각은 너희 생각보다 높으니라."

주님!
저는 주님의 생각에 순종하기보다
내 생각을 앞세워 살아왔습니다.
십자가의 좁은 길보다
세상의 넓은 길을 따라 왔습니다.

하늘보다 높은 사랑
바다보다 깊은 사랑
한없는 주님의 사랑
넓고 넓은 주님의 사랑
갚을 길 없는 주님의 사랑
무한하신 주님의 사랑
용서해 주시는 주님의 사랑

생명을 주신 주님의 사랑

영광스러운 주님의 사랑

그 사랑을 따라 나는 천국 여행을 합니다.

오늘도 영광이 아닐 수 없습니다.

사랑하는 자여 네 영혼이 잘됨같이 네가 범사에 잘 되고 강건하기를 내가 간구하노라 (요삼1:2)

♩ 2017년 1월 15일 _ _ _ _ _ 엥겔레스 구치소에서 드리는 고백

지옥 같은 환경에서 지옥이라 생각하면 지옥이 된다.
지옥 같은 환경에서 천국이라 생각하면 천국이 된다.
이 지옥 같은 환경에서 나는 천국과 지옥을 오가며
하나님께 훈련을 받고 있다.

사단은 나의 믿음을 무너뜨리기 위해
모든 방법을 다 동원하여
나를 괴롭혀 왔다.
나는 심한 영적 싸움을 하면서
넘어졌다 일어서고
무너졌다 세워지고 하는 영적 싸움을 한다.
그러면서 하나님 앞에서 훈련을 받고 있다

4년이 다 되어 가는 지금,
살아 있는 나의 모습을 보니 참 대견하다.
물론 지금도 치열한 영적 싸움은 하고 있지만,
지금까지 견딘 것을 보면
내 의지나 내 노력은 분명 아니다.
모두 다 하나님 은혜다.

하나님은
견딜 수 있도록 능력을 주시고
이길 수 있도록 믿음을 주셨다.
그래서 지금까지 왔다.

2016년 12월 14일,
모든 재판은 다 끝났다.
변호사의 말에 의하면 60일 안에
판사의 판결이 나온다고 한다.
60일을 다 채운다고 하더라도
2017년 2월 14일이다.
오늘이 2017년 1월 15일이니까
이제 한 달 남았다.
한 달 뒤, 나는 석방이다.

물론 변수는 여전히 남아 있다.
아무도 알지 못하는 변수는 항상 도사리고 있다.
그러나 하나님께서 이번에는 나를 석방시켜 주실 줄 믿는다.

마지막 훈련을 잘 받고 모든 것에 승리하자.
그래서 하나님께 영광 돌리자.
홀가분한 마음으로 내 마음이 천국이 되어
이 감옥 문을 나서면
지금까지 나를 붙잡아 주시고 인도해 주신
하나님의 은혜가
석방될 때에도 나를 인도해 주실 줄 믿는다.

끝까지 주님을 의지하며
주님의 은혜 안에서 승리하자.
이기면 천국이요,
지면 지옥이다.
그래서 반드시 이겨야 한다.
반드시 승리해야 한다.

> 그 보배롭고 지극히 큰 약속을 우리에게 주사 이 약속으로 말미암아 너희로 정욕을 인하여 세상에서 썩어질 것을 피하여 신의 성품에 참예하는 자가 되게 하려 하셨으니 (벧후1:4)

2017년 1월 17일 _ _ _ _ _ 엥겔레스 구치소에서 드리는 고백

나의 교만함이 겸손을 보지 못했고
나의 어리석음이 지혜를 깨닫지 못했고
나의 악함이 선을 보지 못했습니다.

주님!
나의 교만하고 어리석은 생각이
내 삶을 곤고하게 만들었습니다.
내 생각이 옳고 내 믿음이 최고라는 교만한 마음이
나 자신을 보지 못하게 했습니다.
지금이라도 깨닫게 해 주셔서 감사합니다.

나 자신을 볼 수 있다는 건
하나님께서 주신 최고의 축복인 줄 믿습니다.
그러나 나는 그 축복을 깨닫지 못하고 살아왔습니다.

주님!
이제 저는 그 어떤 것도 바라지 않겠습니다.
한 가지 바람이 있다면,
더 이상 나 자신을 보지 못하는
어리석은 삶은 살고 싶지 않습니다.

주님!
제가 어리석은 삶을 살지 않도록
저를 붙잡아 주옵소서.
겸손하고 온유한 주님의 모습을 닮아가며 살도록
인도하여 주옵소서.

어쩌면 지금이 막바지 훈련이라 믿습니다.
석방시켜 주시는 그 날까지 하루하루 잘 견디며
이 훈련을 잘 받을 수 있도록 인도하여 주옵소서.
이제 제 남은 삶,
온유하고 겸손하게
나 자신을 하나님께 드리며 살겠습니다.

> 오호라 나는 곤고한 사람이로다 이 사망의 몸에서 누가 나를 건져 내랴 (롬7:24)

♩ 2017년 1월 19일 _ _ _ _ _ 엥겔레스 구치소에서 드리는 고백

부드러운 마음은 예수님 마음이요,
새 마음은 성령님 마음이네.
부드러운 마음은 아버지 마음이요,
새 마음은 성령님 마음이네.
부드러운 마음은 독생자 마음이요,
새 마음은 성령님 마음이네.
부드러운 마음은 하나님 마음이요,
새 마음은 성령님 마음이네,
부드러운 마음은 그리스도 마음이요,
새 마음은 성령님 마음이네.
부드러운 마음은 아들 마음이요,
새 마음은 성령님 마음이네.
새 마음과 부드러운 마음은
성령님과 한 생명 된 마음이요,
하나의 생명이 되어 가는 가장 복된 길이네.

> 만일 우리가 죄 없다 하면 스스로 속이고 또 진리가 우리 속에 있지 아니할 것이요. (요일1:8)

2017년 1월 28일

오늘은 한국의 고유 명절인 구정(설날)이다. 구치소에서 네 번째 맞이하는 구정이다. 외롭고 쓸쓸하다. 마음이 무겁고 착잡하지만, 이번 구정이 감옥에서 보내는 마지막 구정이길 바라며 기도하고 있다. 올해는 석방되어 한국에 갈 수 있다는 희망을 바라보며 견디고 있다.

몸도 마음도 모두 녹아내려 버린 것 같다. 하루라도 빨리 석방되고 싶은 마음뿐이다. 이미 나는 4년이란 기간 동안 하나님께 다루심을 받았으니 무슨 할 말이 있겠는가. 지난 시간들 속에 묶여서 괴로워하거나 슬퍼할 이유도 없다. 주님의 은혜로 치유 받고 새롭게 다시 시작하면 된다.

남들이 경험해 보지 못하는 필리핀 구치소 실태를 보고 경험할 수 있도록 해 주셨으니 주님의 무슨 뜻이 있으시겠지…. 지금은 주님의 뜻을 알 수 없지만, 석방되어 한국에 돌아간 후 주님의 뜻을 깨닫게 되겠지.

지금까지 살아온 내 인생도 내게 책임이 있듯이, 앞으로의 인생에 대한 모든 책임도 나에게 있다. 외롭고 쓸쓸한 마음을 빨리 접어 버리고, 주님의 은혜 안에서 평강을 유지하자.

2017년 2월 14일

　　기대하고 기다려 왔던 석방은 이루어지지 않았다. 역시나 판사의 맘이다. 무슨 속셈이 있을까? 왜 석방은 안 시키고 마냥 붙잡아두는 것일까? 도대체 어떻게 하겠다는 것인가?

　　2016년 12월 14일, 최종 재판이 끝나면서 60일 이내에 판결이 나온다고 했는데, 60일을 다 채운 오늘이 2월 14일이다. 참으로 답답하고 답답하다. 한 달을 더 기다려 보자는 말뿐이다.

　　물론 기다릴 수 있다. 4년을 기다렸는데 한 달을 못 견디겠는가? 허탈하고 허물어지는 마음을 다시 잡아 본다. 이제 희망도, 기대감도 없어지는 것 같다. 아무런 생각도 없고 아무런 생각도 나질 않는다. 모든 게 다 탈진된 것 같다.

　　그래도 힘을 내서 희망을 붙잡는다. 한 달만 더 견디어 보자. 그때 가서 또 어떤 변수가 생길지 모르지만, 그땐 그때고 한 달만 더 견디자. 4년을 허탈함과 절망 속에서 살아왔는데 그까짓 한 달, 못 견딜 것도 없다.

　　앞으로 1년 후, 한국에서 생활하게 될 것을 그려 본다. 지금까지 살아온 내 인생, 깨끗이 잊어버리고 살면 된다. 과거는 과거일 뿐이다. 앞으로 남은 내 인생, 하나님 앞에 부끄러움 없이 살다가 조금이라도 후회스럽지 않게 하늘나라에 들어가면 된다. 지금까지 감옥에서 견딜 수 있도록 은혜를 베풀어 주신 주님께 감사와 영광을 돌린다.

2017년 3월 14일

또 한 달이 되었다. 석방은 이루어지지 않았다. 도대체 어떻게 된 것일까. 초조하다. 이렇게 한 달, 한 달 기다려야 한다. 판사의 판결이 나올 때까지….

모든 것은 다 허물어지고 몸은 만신창이가 되어 가고 있다. 약으로 지탱하며 견디고 있다. 구치소에서 약을 공급해 주지 않기 때문에 자비로 밖에서 약을 사서 먹고 있다.

좀 더 여유를 가시고 정신을 차리고 견디자. 2~3개월, 아니 올해 안에는 석방이 되겠지…. 하나님의 무슨 뜻이 있으시겠지…. 주님의 방법대로 최고 좋은 시간에 나를 석방시켜 주시겠지….

이제 막바지에 다 왔으니 조금만 더 여유를 갖자. 조급한 마음을 버리고 빨리 안정을 회복하자.

2017년 4월 25일

몸도 마음도 정신도 영혼도 모두 탈진상태다. 정말 하루하루 버티어 내기 힘들다. 몸이 많이 아파온다. 정신적 스트레스와 면역력이 없으니 당연히 몸이 아플 수밖에 없다. 기도할 기력조차 없다. 옛날로 돌아가는 것 같다.

내일이 26일 수요일이다. 여기 구치소, 다른 사람 말에 의하면 수요일 날 판사의 판결이 나올 가능성이 크다고 한다. 한 치 앞도 알 수 없는 안갯속에서 그나마 기대를 해 본다. 내일 판사의 판결이 나왔으면 하는 바람이다.

3월 말쯤 한국 대사관 김대희 영사님께서 판사에게 협조 공문을 보냈고, 판사의 회신이 대사관으로 왔다고 한다. 엥겔레스 법원 61호 판사의 회신 내용은 이렇다.

"현재 사건이 많이 밀려 있고 공휴일이 많았던 관계로 좀 시간이 걸리고 있으니 최대한 사건을 빨리 처리하여 판결을 하겠다. 좀 시간이 걸리더라도 기다려 달라."

이 판사의 회신이 4월 10일경 한국 대사관으로 왔다. 어쨌든 판사의 회신이 대사관으로 왔으니 믿고 기다려 보는 수밖에 없다. 좀 더 기다리자. 좀 더 기다려 보자. 다음 달에는 좋은 소식이 오겠지.

♩ 2017년 5월 10일 _ _ _ _ _ 엥겔레스 구치소에서 드리는 고백

주님,
벌써 2017년 5월이 훌쩍 지나가고 있습니다.
지난 세월을 돌이켜 보면
참으로 끔찍합니다.
어떻게 4년이 넘는 세월을
이 감옥에서 살아왔는지 모르겠습니다.

지금 생각하니 모두 다 주님의 은혜입니다.
아무것도 모르고 이 감옥에 들어와
홀로 외톨이가 되어
언어도 통하지 않는 이들의 문화 속에서
엄청난 인권유린과 고난을 당하며
네 번씩 사경을 헤매며 살아남았습니다.
지금까지 견디고 이기게 해 주신
주님의 은혜에 감사드립니다.
이것이 바로 주님의 승리입니다.
이것이 바로 주님의 기적입니다.
또한, 내 인생에 있어서 은혜요, 축복입니다.

이제 이 엄청난 훈련을 받고 보니
하나님 앞에 내 입이 천 개, 만 개라도
할 말이 없습니다.
그저 유구무언일 뿐입니다.
조금은 답답하고 초조하지만,
이 답답하고 초조함마저 주님 앞에 온전히 내려놓고
주님의 평안으로 인도함 받길 원합니다.
가끔씩 올라오는 원망과 분노도
주님의 평안으로 다스림 받길 원합니다.

지금 제 인생에 고난의 큰 파도가 덮쳐
제 인생의 배가 초토화되고 있습니다.
제 마음과 몸과 영혼은 큰 파도에 덮여 있습니다.
세상의 큰 파도 앞에서 전혀 개의치 않으시고
요동치 않으셨던 예수님의 평안이
지금 저에게 임하길 간구합니다.
세상 그 어떤 폭풍우도 잠재울 수 있는 분은
오직 주님의 평안이기 때문입니다.

주님!
제가 이 감옥에서 나가고 싶은 마음이 간절하나
그건 제 마음뿐입니다.
저는 주님의 뜻을 알 수가 없습니다.
이번 달에 석방시켜 주셔도 감사하고….
다음 달에 석방시켜 주셔도 감사하고….
그다음 달에 석방시켜 주셔도 감사하고….
또 그다음 달에 석방시켜 주셔도 감사합니다.
내 생각과 내 의지를 다 내려놓고
주님 뜻으로 받아들이며 순종하길 원합니다.
그저 주님 주권에 순종하며 평안만 구하겠습니다.

십자가 앞에서도 평안하신
예수님의 평안이 부족한 나에게도 임하길
간절히 기도합니다.

♩ 2017년 6월 10일 _ _ _ _ _ 엥겔레스 구치소에서 드리는 고백

내가 싫다고 환경이 바뀌는 것도 아닌데….
내가 싫다고 사람들이 변하는 것도 아닌데….
내가 싫다고 조건이 맞춰지는 것도 아닌데….
내가 싫다고 세상의 상황들이
내 뜻대로 받아들여지는 것도 아닌데….

내 생각이 완고한 고집이라는 것을
이제야 깨달았네.
내 생각이 교만하다는 것을
이제야 깨달았네.
내 마음이 이기적 욕심이라는 것을
이제야 깨달았네.
내 뜻이 세상에 물들어 있다는 것을
이제야 깨달았네.

나 역시 더럽고 악한 죄인인 것을….
누구를 탓하고 누구를 원망하겠는가.
내 인생, 십자가에 내려놓고
상한 마음, 십자가 은혜로 치유 받아

흘러가는 인생 속에

주님 모습 닮아가며

천국 들어가는 그 날까지

천국 들어가는 그 날까지

주님 영광 바라보리!

주님 영광 바라보리!

> 내가 원하는 바 선은 하지 아니하고 도리어 원치 아니하는 바 악은 행하는 도다 (롬7:19)

♪ 2017년 7월 22일 _ _ _ _ _ 엥겔레스 구치소에서 드리는 고백

네가 당하는 일들이 그렇게도 억울한가?
너 때문에 억울함 당한 사람들 생각은 해 보았는가?

네가 당한 일들이 그렇게도 피해가 큰가?
너 때문에 피해를 당한 사람들을 생각해 보았는가?

네가 당하는 정신적 고통이 그렇게도 힘든가?
너 때문에 정신적 고통을 당한 사람들 생각을 해 보았는가?

너는 뭐가 그리 원망스러운가?
입이 있으면 대답을 해 보아라.

너는 뭐가 그렇게 할 말이 많은가?
네가 하는 말이 옳다면,
하나님 앞에 항변을 해 보거라.
네가 하는 말이 진리라면
하나님께 할 말을 해 보거라.
하나님께 할 말이 있으면
대답을 해 보거라.

주님!
나를 불쌍히 여겨 주옵소서.
주님 앞에 할 말이 없습니다.
그저 주님께 용서만 구할 뿐입니다.

지금 내가 석방되지 못함은
하나님 앞에 더 회개할 것이 남아 있기 때문입니다.

지금 내가 석방되지 못함은
하나님과 계산이 아직 덜 끝났기 때문입니다.

회개하고 회개해도
태산같이 남아 있는 나의 죄악은
십자가 은혜로만 씻을 수 있으니
오늘도 십자가 은총을 바라보며
주님의 긍휼하심만 구합니다.

2017년 7월 27일

　　　　　참으로 기쁜 소식이 왔다. 판사가 8월 14일, 판결을 한다는 것이다. 4년 5개월 만에 판결 날짜가 확정된 것이다. 석방의 소식이 들려온 것이다.

　정확히 말하면 석방 판결은 아니고 유죄냐, 무죄냐의 판결이다. 무죄가 되면 석방이고, 유죄가 되면 형을 받는다. 나는 형을 받을 이유가 없기 때문에 석방으로 알고 있지만, 그조차 이곳 필리핀 법을 다루는 사람들의 마음이기 때문에 얼마든지 변수는 있다. 판사가 정의로운 판단을 해주기를 바랄 뿐이다.

　어쨌든 8월 14일, 1심 판결이 난다. 몸도 마음도 모두 지친 상태였는데, 오늘 이 소식을 듣고 보니 힘이 솟구쳐 오르는 것 같다.

　8월 14일, 나는 석방을 확신한다. 그동안, 정신적, 육체적, 물질적 피해 보상을 위해 준비를 해 왔다. 그러나 하나님께서 그것을 기뻐하지 않으신다고 말씀하신다. 용서와 사랑만을 계속해서 내 마음속에 말씀하신다. 이제 모든 것 다 내려놓고 주님께 맡기고 주님의 인도하심을 받으면 된다.

　추석이 언제인지 알 수 없지만, 8월 14일 석방 되어 한국에 가서 추석을 맞이했으면 좋겠다. 인생을 살다 보면 나처럼 어이없고 어처구니없는 일들이 많이 일어난다. 나만 당하는 일들은 아니다.

그러니 왜 내게만 이런 일들이 일어났느냐고 하나님께 따질 수도, 항변할 수도 없다. 인간이 하나님의 말씀에 불순종하고 욕심과 욕망에 이끌리어 일어나는 일들이 대부분이기 때문이다.

이제 17일 남았다. 17일 후면 나는 석방이다. 그동안 한국에서, 필리핀에서 기도와 물질과 음식으로 도와주고 보살펴 주시고 사랑을 베풀어 주신 모든 분께 진심으로 감사드린다.

내 석방대책위원 박원철 목사님, 홍양순 목사님, 이능호 목사님, 강명숙 사모님께 감사드린다. 이 갚을 길 없는 사랑의 빚을 하나님께서 그분들에게 갚아 주실 줄 믿는다. 또한, 한국 대사관 김대희 영사님과 CTS 필리핀지국 윤여일 국장님께도 감사드린다.

2017년 7월 28일 _ _ _ _ _ 엥겔레스 구치소에서 드리는 고백

기쁜 소식이 들려온다.
석방의 소식이,
철창 문 열리는 소리가 들려온다.
해방의 소리가 들려온다.
자유의 소리가,
묶인 것이 풀어지는 소리가 들려온다.
감옥 문이 열리는 소리가,
막힌 담이 무너지는 소리가 들려온다.
구치소 담장이 무너지는 소리가,
풀어지는 소리가 들려온다.
죄악의 사슬이 풀어지는 소리가.
십자가 은혜가 다가온다.
긍휼의 은혜가,
생명의 소리가 들려온다.
영원한 생명의 소리가,
구원의 소식이 들려온다.
그리고 부활의 소식이 들려온다.

♪ 2017년 8월 13일 _ _ _ _ _   엥겔레스 구치소에서 드리는 고백

잠에서 깨자.
잠에서 깰 때가 되었다.
이제 잠에서 깰 때가 되었다.
하나님께서 나를 깨우신다.
이제 일어날 때가 되었나 보다.

내일이 석방되는 날이다.
내일이면 햇빛을 볼 수 있다.
내일이면 신선한 공기를 마실 수 있다.
내일이면 저 높은 하늘을 쳐다볼 수 있다.
이제 내일 저 높은 곳을 향하여
나는 노래할 수 있다.

참으로 긴 잠을 잤다.
나는 깊은 잠 속에서 천국도 보았고
지옥도 가 보았다.
잠 속에서 인생이 무엇인가도 보았다
잠 속에서 내 인생을 다시 보았다.

잠에서 깨자.
잠에서 깨자.
하나님께서 나를 부르신다.
이제 일어나자.
하나님께로 달려가자.

내일이면 주님의 생명을 마실 수 있다.
내일이면 주님의 떡을 먹을 수 있다.

이제 내일이면 잠에서 깨어나는 날이다.
참으로 긴 잠을 잤다.
이제 일어나자!
이제 깨어나자!
그리고 주님이 계신 곳으로 달려가자.

감옥의 철장 문이 열리는 내일,
나는 달려갈 것이다.
주님의 은혜 안으로!
주님의 생명 안으로!

ZON KOREAN NEWS LK

한국인 이연호 목사, 4년5개월의 억울한 옥살이 끝에 무죄석방

선교사가 운영하던 학교 겸 교회 방문 중 수사관들에 의해 불법연행 후 앙헬레스 구치소에 수감

by Deny

은총으로
다시 태어난 삶

펴 낸 날   2019년 10월 18일
2쇄 발행일 2019년 11월 8일

지 은 이   이연호
펴 낸 이   이기성
편집팀장   이윤숙
기획편집   정은지, 한솔, 윤가영
표지디자인 이윤숙
책임마케팅 강보현, 류상만
펴 낸 곳   도서출판 생각나눔
출판등록   제 2018-000288호
주   소   서울 잔다리로7안길 22, 태성빌딩 3층
전   화   02-325-5100
팩   스   02-325-5101
홈페이지   www.생각나눔.kr
이 메 일   bookmain@think-book.com

• 책값은 표지 뒷면에 표기되어 있습니다.
  ISBN 979-11-90089-82-1(03230)

• 이 도서의 국립중앙도서관 출판 시 도서목록(CIP)은 서지정보유통지원시스템 홈페이지
  (http://seoji.nl.go.kr)와 국가자료공동목록시스템(http://www.nl.go.kr/kolisnet)에서
  이용하실 수 있습니다(CIP제어번호: CIP2019039719).

Copyright ⓒ 2019 by 이연호 All rights reserved.
• 이 책은 저작권법에 따라 보호받는 저작물이므로 무단전재와 복제를 금지합니다.
• 잘못된 책은 구입하신 곳에서 바꾸어 드립니다.

내가 원하는 바 선은 하지 아니하고 도리어 원치 아니하는 바 악은 행하는 도다 (롬7:19)